Schöningh
westermann

W0473715

EinFach
Deutsch

Euripides

Medea

Erarbeitet von
Alexandra Wölke

Herausgegeben von
Johannes Diekhans

Der Text basiert auf der deutschen Übersetzung von Otto Schönberger mit freundlicher Genehmigung.

westermann GRUPPE

© 2016 Bildungshaus Schulbuchverlage
Westermann Schroedel Diesterweg Schöningh Winklers GmbH
Braunschweig, www.westermann.de

Das Werk und seine Teile sind urheberrechtlich geschützt.
Jede Nutzung in anderen als den gesetzlich bzw. vertraglich zugestandenen Fällen bedarf der vorherigen schriftlichen Einwilligung des Verlages. Nähere Informationen zur vertraglich gestatteten Anzahl von Kopien finden Sie auf www.schulbuchkopie.de.

Für Verweise (Links) auf Internt-Adressen gilt folgender Haftungshinweis: Trotz sorgfältiger inhaltlicher Kontrolle wird die Haftung für die Inhalte der externen Seiten ausgeschlossen. Für den Inhalt dieser externen Seiten sind ausschließlich deren Betreiber verantwortlich. Sollten Sie daher auf kostenpflichtige, illegale oder anstößige Inhalte treffen, so bedauern wir dies ausdrücklich und bitten Sie, uns umgehend per E-Mail davon in Kenntnis zu setzen, damit beim Nachdruck der Verweis gelöscht wird.

Druck A^5 / Jahr 2021
Alle Drucke der Serie A sind im Unterricht parallel verwendbar.

Umschlaggestaltung: Jennifer Kirchhof
Druck und Bindung: Westermann Druck Zwickau GmbH

ISBN 978-3-14-**022681**-3

Euripides: Medea

Euripides: Medea

Die Personen des Dramas

Amme und Vertraute Medeas.
Kreon, Herrscher von Korinth.
Kinder der Medea.
Erzieher der Kinder Medeas.
Bote.
Jason, Sohn des Aison, Gemahl Medeas.
Chor korinthischer Frauen.
Aigeus, König von Athen.
Medea, Tochter des Königs Aietes von Kolchis.

Prolog (Prologos)

Amme. Ach, wäre nie der Kiel der Argo[1] durchs dunkle Symplegadentor[2] zum Kolcherland[3] geflogen, wäre nie in den waldigen Tälern des Pelion[4] die Fichte gefällt worden zu Rudern für die Hände der größten Helden, die das goldene Vlies für Pelias[5] holten! Dann wäre meine Herrin Medea

---

1 Berühmtes Schiff der Argonauten. Mit ihm fuhr Jason dem Mythos nach mit seinen Gefährten nach Kolchis, um das Goldene Vlies, ein sagenhaftes Widderfell, zu rauben.

2 Die „Symplegaden“ sind zwei kleine Inseln am Bosporus, vor dem Eingang des Schwarzen Meeres, die die Schifffahrt durch die Enge zueinander behinderten. Der Sage nach waren sie sogar beweglich und konnten – wie ein Tor – zuschlagen.

3 Kolchis war eine antike Landschaft und ein Königreich zwischen dem Kaukasus und der Ostküste des Schwarzen Meeres.

4 Gebirgszug in Griechenland

5 Pelias war der Sage nach Jasons Onkel, Herrscher von Thessalien, der seinem Neffen den rechtmäßigen Anspruch auf den Thron verweigerte. Um Jason zu täuschen und um sich seiner zu entledigen, machte er die Erlangung des Goldenen Vlieses, das sich zu dieser Zeit in Kolchis befand, zur Bedingung der Machtübergabe in der Heimat. Vgl. dazu auch das Kapitel „Medea und Jason – Zur Vorgeschichte der Dramenhandlung“, S. 46 ff.

nicht zu Stadt und Burg des iolkischen Landes[1] gesegelt, ins Herz getroffen von der Liebe zu Jason; sie hätte auch nicht die Töchter des Pelias zum Vatermord verlockt[2] und müsste nicht hier im Korintherland wohnen mit Mann und Kindern. Freilich wurde sie beliebt bei den Bürgern, in deren Land sie auf der Flucht kam, und trug mit Jason alles in Geduld; kein Segen ist ja größer als die Eintracht zwischen Mann und Frau. Doch jetzt herrscht nur noch Feindschaft; das innigste Verhältnis ist vergiftet. Denn Jason verriet die eigenen Kinder und meine Herrin, verband sich dem Königshaus und freite[3] die Tochter Kreons, der Herrscher dieses Landes ist. Medea aber, die Arme, Entehrte, schreit: „O Eide!“, klagt laut: „O Handschlag, höchstes Treuepfand!“, und ruft die Götter zu Zeugen für den Dank, den sie von Jason erntet. Ohne zu essen liegt sie da, überlässt sich ganz dem Schmerz und zerfließt Tag und Nacht in Tränen, seit sie weiß, dass sie vom Gatten verstoßen ist. Sie blickt nicht auf und hebt das Antlitz nicht vom Boden. Wie ein Stein oder die Meeresbrandung hört sie nicht auf das Zureden ihrer Freundinnen; manchmal nur wendet sie den schimmernden Hals weg und klagt vor sich hin um ihren lieben Vater, um Heimat und Vaterhaus, die sie verriet, um mit dem Mann hierherzukommen, der sie jetzt verstieß. Nun hat die Arme durch Leid gelernt, wie gut es ist, die Heimat nicht zu verlassen. Sie hasst die Kinder, hat an ihrem Anblick keine Freude. Ich fürchte, sie wälzt einen schrecklichen Plan. Denn ihr Sinn ist wild, und sie erträgt das Unrecht nicht. Ich kenne sie und fürchte, sie geht schweigend ins Haus, wo ihr Bett bereitet ist, und stößt sich das

[1] Jolkos an Thessaliens Südküste war Jasons Heimat, in der sein Vater Aison herrschte, bis ihn sein Bruder Pelias vom Thron vertrieb. Vgl. dazu das Kapitel „Medea und Jason – Zur Vorgeschichte der Dramenhandlung“, S. 46 ff.

[2] Dem Mythos nach veranlasste Medea, aus Rache für den Bruch seines Schwures, die Töchter des Pelias unter dem Vorwand, sie könnten ihren Vater durch einen Zauber verjüngen, diesen zu zerstückeln und die Körperteile zu kochen.

[3] veralteter Ausdruck für heiraten

scharfe Schwert in die Brust; mag sein, sie tötet gar den König und den Gatten und zieht sich so noch größeres Unheil zu. (Denn sie ist furchtbar; wer mit ihr zusammenstößt, trägt nicht so leicht den Sieg davon.) Doch da kommen ihre Söhne vom Wettlauf heim. Das Leid ihrer Mutter berührt sie nicht, denn junges Blut will von Schmerz nichts wissen.

Erzieher. Du altes, treues Hausgut meiner Herrin! Was stehst du hier so einsam vor dem Tor und jammerst laut vor dich hin? Wie kommt es, dass Medea ohne dich allein bleiben will?

Amme. Ach, alter Mann und Pfleger von Jasons Kindern! Brave Diener fühlen das Unglück der Herrschaft wie eigenes, und es greift ihnen ans Herz. Mich hat der Kummer so überwältigt, dass es mich hierher trieb, um Himmel und Erde das Unglück meiner Herrin zu künden.

Erzieher. So hört die Arme noch nicht auf zu klagen?

Amme. Deine Einfalt ist beneidenswert! Ihr Leid steht erst am Anfang, dies ist noch nicht die Hälfte.

Erzieher. Wie töricht ist sie – wenn man seine Herrschaft töricht nennen darf. Sie weiß noch nichts vom neuen Unglück.

Amme. Was ist es, Alter? Sag's nur gleich heraus!

Erzieher. Nichts. Mich reut schon, was ich eben sagte.

Amme. Bei deinem Bart! Verbirg es deiner Mitsklavin nicht! Denn wenn es sein muss, sage ich kein Wort.

Erzieher. Ich stand beim Brettspiel, wo die Greise sitzen, am ehrwürdigen Quell der Peirene[1]; da hörte ich einen sagen, der meinte, ich hörte es nicht, Kreon, der Herr dieses Landes, wolle die Kinder hier samt ihrer Mutter von korinthischem Boden vertreiben. Ob diese Rede zutrifft, weiß ich nicht; doch wünschte ich, es wäre nicht so.

Amme. Und Jason will es dulden, dass seinen Kindern dies geschieht, auch wenn er mit der Mutter hadert?

Erzieher. Die alte Liebe weicht der neuen stets, und Jason ist ja nicht mehr diesem Hause freund.

---

[1] Quelle in der Nähe Korinths, die den Einwohnern heilig war und der Sage nach aus den Tränen einer Nymphe, eines Naturgeistes, gespeist wurde

Amme. So ist es aus mit uns, wenn neues Leid hinzukommt, bevor das alte ausgestanden ist.

Erzieher. Sei du wenigstens still und verschweige diese Nachricht, denn jetzt ist nicht die Zeit, dass unsere Herrin sie erfährt.

Amme. Ihr Kinder! Hört ihr, wie der Vater an euch handelt? Zwar wünsche ich ihm nicht den Tod, weil er mein Herr ist, doch wahr ist, dass er an den Seinen übel tut.

Erzieher. Wer auf der Welt macht es nicht so? Du siehst ja hier, dass jeder sich selbst mehr liebt als seine Nächsten, liebt doch der Vater diese Kinder nicht mehr wegen seiner neuen Ehe.

Amme. Geht ins Haus, Kinder! Es wird schon gut werden. Du aber halte sie für sich, so gut es geht, und lass sie nicht der gramgebeugten Mutter nahen! Denn ich sah schon, wie sie stier auf sie blickte, als brüte sie etwas aus. Ich weiß bestimmt: Sie lässt von ihrem Groll erst ab, wenn sie jemand zu Boden geschmettert hat. Den Feinden mag sie etwas antun, nicht den Lieben.

Medea (im Haus). O ich unglückliches, unseliges, schmerzbeladenes Weib! O weh mir! Könnte ich doch sterben!

Amme. Das ist es, was ich meinte, liebe Kinder. Eurer Mutter wühlt es das Herz, wühlt es den Groll auf. Geschwind ins Haus, und kommt ihr nicht vor Augen! Geht nicht zu ihr, nein, hütet euch vor ihrem wilden Sinn und der verderblichen Wut ihres trotzigen Herzens! Fort, fort! Geht schleunigst hinein! Beginnt nämlich erst die Wolke des Jammers aufzusteigen, dann weiß man, dass sie bald mit noch wilderer Wut sich zündend entlädt. Was wird es noch anrichten, dies stolze, kaum versöhnliche Herz, verwundet vom Leide?

Medea. Weh, weh! Ich habe erlitten, ich Arme, ich habe erlitten, was man laut bejammern muss. O ihr, verfluchte Kinder einer verhassten Mutter, sterbt samt eurem Vater! Und das ganze Haus fahre zur Hölle!

Amme. O weh, entsetzlich! Unselige! Was können denn die Kinder für die Schuld des Vaters? Was hassest du sie? O weh Kinder! Ich fürchte voll Schmerz, dass euch Unglück trifft! Schrecklich sind die Leidenschaften der Gewaltherrscher; sie müssen kaum gehorchen, gebieten viel und ändern schwer nur den heftigen Willen. Da ist es besser, dort zu leben, wo es heißt: „Gleiches Recht für alle!" Ich wenigstens möchte in Sicherheit alt werden, wenn auch nicht auf großem Fuß. Denn schon das Wort „Goldener Mittelweg" klingt besser als alles, und vollends danach zu leben bringt der Menschheit größten Segen. Übermaß kann Menschen kein Glück bringen und stürzt das Haus nur in größeres Unheil, wenn ein Gott zürnt.

Einzugslied (Parodos)

Chor. Ich hörte die Stimme, ich hörte den Schrei der unglücklichen Kolcherin. Noch ist sie nicht besänftigt. Sag mir, Alte, sprich! Ich hörte ja draußen am Tor den Schrei im Gemach, und, Frau, ich kann nicht froh sein, wenn Leid im Haus ist, denn ich bin ihm in Freundschaft verbunden.

Amme. Es gibt kein Haus mehr. Das ist nun vorbei. Den Herrn hält das Bett im Palast, und sie, die Herrin, härmt sich in ihren Gemächern zu Tode und lässt sich von keines Freundes Zuspruch trösten.

Medea. Ach weh! O Zeus und Erde und Licht! Zerschmetterte doch ein Blitz vom Himmel mein Haupt! Welchen Wert hat das Leben noch für mich? Weh! Weh! Könnt' ich doch im Tod vergehen, das verhasste Leben lassen!

Chor. Hast du's gehört? „O Zeus und Erde und Licht", das Klagelied, das die Unselige singt? Was hängst du so unersättlich an der Ehe, du Törin! Willst du sobald schon sterben? Wünsche das nicht! Wenn dein Gemahl eine neue Ehe vorzieht, wüte nicht gegen ihn. Zeus wird deiner Sache zum Recht verhelfen. Härme dich im Jammer um deinen Mann nicht allzu sehr ab!

Medea. O mächtige Themis[1] und du, Herrin Artemis[2]! Seht ihr, was ich leide, obschon ich mit hohen Eiden den verfluchten

1 Göttin der Gerechtigkeit und Ordnung

2 Göttin der Jagd, des Waldes, des Mondes und Hüterin der Frauen und Kinder

Gemahl an mich band? Sähe ich doch ihn und die Braut samt dem Palast zerschmettert, sie, die es wagen, mir Unrecht zu tun! O Vater, o Heimat, die ich verließ, nachdem ich so schändlich den Bruder erschlug[1]!

Amme. Hört ihr, wie sie klagt und zu Themis schreit, der Fluchzeugin, und zu Zeus[2], an den die Menschen als Hüter der Eide glauben? Es ist unmöglich, dass der Groll meiner Herrin ohne Gewalttat endet.

Chor. Käme sie doch zu uns und nähme ein vernünftiges Wort an! Lässt sie ein wenig vom schwelenden Groll und wildem Sinn, soll es mir nicht an gutem Willen für meine Freunde fehlen. Auf also! Geh, hole sie aus dem Haus hierher und sag' auch, wie gut ich es mit ihr meine! Eile, bevor sie den Ihrigen drinnen ein Leid tut! Denn der Schmerz tobt gewaltig in ihr.

Amme. Ich will es tun. Zwar fürchte ich, ich kann die Herrin nicht überreden, doch nehme ich gern diese Last auf mich. Freilich blickt sie wie eine säugende Löwin stier auf die Mägde, wenn eine ihr naht und das Wort an sie richtet. Kaum irrt ja, wer die Menschen der Vorzeit verdreht und keineswegs klug nennt. Sie erfanden zwar Lieder für Festzeiten, frohes Gelage und Gastmahl, fröhliche Weisen zur Begleitung des Lebens, doch keiner erfand, wie man den verhassten Kummer der Menschen durch Lieder und Gesang zur vielstimmigen Leier stillt, Leid, das den Tod bringt, und furchtbares Schicksal, das Häuser zu Fall bringt. Und doch wäre es ein Gewinn, könnten die Menschen das Leid durch Lieder heilen. Beim üppigen Mahl aber, was braucht es da noch Gesang? Schon die Fülle des Mahls bietet Sterblichen reichlich Genuss.

---

1 Einer Version des Mythos nach erschlug Medea auf der Flucht aus Kolchis ihren Bruder Absyrtos, zerstückelte ihn und warf ihn ins Meer, um die von ihrem Vater gesandten Krieger von der Verfolgung der „Argo" abzulenken. Vgl. dazu auch das Kapitel „Variationen des Medea-Mythos – Zur Stoffgeschichte", S. 51 ff.

2 Der oberste der Götter (auch „Göttervater") Zeus galt auch als Vater der Menschen und Beschützer der (zwischen-)menschlichen Ordnung.

Chor. Einen Wehruf hab' ich gehört voll stöhnender Klage; schrill schreit sie über ihr klägliches Weh, den Verräter der Ehe, den Unheilsgatten. Die Betrogene beschwört die eidschirmende Themis des Zeus[1], die sie ins ferne Hellas[2] führte, über nächtliches Meer, zur engen Pforte des salzigen Pontos.[3]

1. Aufzug (Epeisodion)

Medea. Ihr Frauen von Korinth! Ich kam aus dem Haus, damit ihr mir keinen Vorwurf macht. Ich weiß ja, dass es viele Menschen gibt, die stets auf Würde halten, zu Haus und auf dem Markt. Wer aber zurückgezogen lebt, dem wirft man Gleichgültigkeit gegen andere vor, denn ungerecht ist des Menschen Auge, der, ohne beleidigt zu sein, auf den ersten Blick hin hasst, ehe er das Herz des anderen genau erforscht hat. Ein Fremder muss der Landessitte sorgsam folgen. Ich lobe aber auch den Bürger nicht, der selbstgefällig und aus Unverstand den andern lästig fällt. Mir aber brach das unverhoffte Leid das Herz. Ich bin vernichtet, Freundinnen; ich habe keine Freude mehr am Leben und will sterben. Denn, um es klar zu sagen: Er, der mein Alles war, mein Gatte, ist zum größten Schuft geworden.
Von allem, was Leben und Verstand besitzt, sind doch wir Frauen die ärmsten Geschöpfe. Denn erst müssen wir um vieles Geld einen Mann kaufen, dann ihm leibeigen werden, wobei dies zweite Übel ärger als das erste drückt. Und die bange Frage ist, ob man einen schlechten bekommt oder einen guten. Denn Scheidung schadet dem Ruf einer Frau,

1 Die Göttin Themis ist eine der drei Ehefrauen des Zeus.
2 Bezeichnung für Griechenland; Hellas galt in der Antike als der Mittelpunkt von Kultur und Zivilisation.
3 Gemeint ist hier das Schwarze Meer und seine Küsten.

und einen Freier abweisen darf sie nicht.[1] Tritt sie dann in den Kreis neuer Sitten und Gebräuche, muss sie wie eine Seherin erraten – zu Hause hat sie es ja nicht gelernt –, wie sie am besten ihren Mann behandelt. Haben wir dies dann glücklich herausgefunden, lebt der Gatte gut mit uns und trägt das Ehejoch nicht widerwillig, ist unser Leben schon beneidenswert. Wenn nicht – dann besser tot! Der Mann geht fort, wenn ihm zu Hause etwas nicht gefällt, geht zu einem Freund oder Altersgenossen und vertreibt den Unmut. Wir aber müssen uns nach einem einzigen Menschen richten. Da sagt man, wir führten daheim ein gefahrloses Leben, jene aber kämpften mit dem Speer. Wie dumm! Lieber will ich dreimal in der Schlachtreihe stehen als einmal Kindsnöte[2] erdulden.

Freilich: Deine Lage gleicht nicht der meinen; du hast Heimat und Vaterhaus, genießest das Leben und das Zusammensein mit Freunden. Ich dagegen bin allein und heimatlos, entehrt von meinem Mann; ich wurde aus der Fremde entführt und habe nicht Mutter, nicht Bruder noch Verwandte, die mir aus diesem Unglück helfen. So bitte ich euch nur um eines: Finde ich Mittel und Wege, mich an meinem Gatten für seine schnöde Tat zu rächen, dann schweigt! Zwar ist ein Weib ja sonst voll Furcht, zu feige zur Gewalt, zu feige, Eisen auch nur anzusehen; doch kränkt man sie in ihrer Ehe, dann gibt es nichts, was ihr an Mordlust gleicht.

Chor. Das will ich tun. Denn du hast recht, Medea, wenn du dich an deinem Mann rächst. Mich wundert nicht, dass du dein Los beklagst. Da sehe ich aber auch unseren Landesherrn Kreon kommen, um dir neue Beschlüsse anzukündigen.

Kreon. Dich, die du finster blickst und deinem Gatten grollst, Medea, heiße ich aus diesem Land in die Verbannung ziehen.

---

1 Medea bezieht sich hier auf die soziale Stellung der Frau in Korinth. Anders als Männer, die ihre Frauen ohne Weiteres einfach verstoßen konnten, war die Scheidung für die Frau schwierig. Sie musste nicht nur einen offiziellen Antrag bei einem Beamten stellen, sondern verlor auch jegliches gesellschaftliches Ansehen.

2 Gemeint sind hier vor allem die Schmerzen der Frau bei einer Geburt.

Nimm deine beiden Kinder mit und säume nicht! Ich achte selbst auf die Vollstreckung des Befehls und kehre erst heim, wenn ich dich über die Landesgrenzen getrieben habe.

Medea. Wehe! So muss ich Arme ganz und gar zugrunde gehen! Meine Feinde haben ja alle Segel gesetzt, und es gibt keinen rettenden Hafen, um dem Unheil zu entfliehen. Doch will ich, wenn ich auch misshandelt werde, fragen: Weshalb, Kreon, verbannst du mich?

Kreon. Ich fürchte – das sage ich rundheraus – du könntest meiner Tochter Leid antun, das nie mehr gutzumachen ist. Viele Gründe tragen zu dieser Furcht bei: Einmal bist du klug und vieler Tücken kundig. Auch bist du über den Verlust deines Mannes erbittert. Endlich höre ich, dass du Drohungen ausstößt: Du wollest dem Schwiegervater, dem Bräutigam und der Braut ein Leid antun. Davor will ich mich hüten, ehe es mich trifft. Denn lieber lade ich mir jetzt deinen Hass auf, Weib, als dass ich weich werde und später großen Jammer habe.

Medea. Wehe, weh! Nicht heut erst, Kreon, nein, schon oft hat mir mein Ruhm geschadet und mir großes Leid gebracht. Ein verständiger Mann sollte seine Kinder nicht zu viel lernen lassen. Denn außer dem Vorwurf des Müßiggangs, der sie trifft, ernten sie von den Mitbürgern nur Neid und Hass. Zeigt man nämlich einem Schwachkopf neue Gedanken auf, gilt man als Tagedieb und als nicht gescheit. Zeigt man sich gar denen überlegen, die man für kluge Köpfe hält, wird man der Stadt ein Ärgernis. Auch mich trifft dieses Los. Denn weil ich viele Künste weiß, bin ich den einen verhasst, den anderen wieder gelte ich als „Heimliche“, andern als gefährlich tätig, wieder anderen als schroff. Doch bin ich nicht so überaus klug. Gewiss, du fürchtest mich. Etwa, damit dir nichts Böses zustößt? Nein, mich brauchst du nicht zu fürchten, Kreon. Ich habe keinen Grund, mich an den Mächtigen zu vergehen. Was hättest du mir auch zuleid getan? Du gabst deine Tochter dem Mann, der dir der rechte schien. Meinen Gatten aber hasse ich. Du jedoch hast, meine ich, verständig gehandelt. So bin ich jetzt nicht neidisch, wenn du glücklich bist. Heiratet! Lebt im Glück! Doch lasst mich hier im Lande wohnen! Denn ich will, mag ich auch gekränkt sein, schweigen, da ich Stärkeren weichen muss.

Kreon. Deine Worte klingen sanft, doch bangt mir im Inneren, du führst Böses im Schilde. Deshalb traue ich dir noch weniger als zuvor. Denn vor einer jähzornigen Frau – wie auch vor einem solchen Mann – kann man sich besser hüten als vor einer, die zwar schweigt, doch voller Listen steckt. Auf! Fort, so schnell es geht! Rede nicht lang! Mein Entschluss steht fest: Du kannst bei aller List nicht bei uns bleiben, weil du mir feindlich gesonnen bist.

Medea. Nicht doch! Bei deinen Knien bitt' ich dich und bei den Knien deiner neuvermählten Tochter.

Kreon. Du verschwendest deine Worte. Denn mich überredest du nie!

Medea. Du treibst mich wirklich fort und achtest meine Bitten nicht?

Kreon. Du bist mir doch nicht lieber als mein eigenes Haus.

Medea. O Vaterland! Wie schmerzlich denk ich jetzt an dich!

Kreon. Außer meinen Kindern ist es auch mir das teuerste Gut.

Medea. O weh! Welch schlimmer Fluch ist doch die Liebe für den Menschen!

Kreon. Ich meine: Je nachdem das Schicksal sich gestaltet.

Medea. O Zeus! Der Schuldige an meinem Elend soll dir nicht entgehen!

Kreon. Fort mit dir, Schwätzerin! Falle mir nicht mehr zur Last!

Medea. Mich selbst drückt Last; ich brauche nicht noch andere Lasten.

Kreon. Du wirst gleich mit Gewalt von meinen Dienern fortgestoßen!

Medea. Nur dies nicht! Nein! Ich flehe dich, Kreon, an.

Kreon. Es scheint, du willst mich endlos plagen, Weib!

Medea. Ich gehe ja fort. Nicht deshalb flehte ich dich an.

Kreon. Was willst du sonst erzwingen? Warum räumst du nicht das Land?

Medea. Lass mich nur diesen Tag noch bleiben und sorgsam überlegen, wohin ich fliehen und meinen Kindern eine

Zuflucht finden soll; ihr Vater kümmert sich ja nicht um sie. Mit ihnen habe Mitleid! Auch du bist Vater von Kindern und hast sicher Mitgefühl. Um mich mach' ich mir keine Sorgen, wenn man mich verbannt, doch beweine ich das Unglück meiner Kinder.

Kreon. Mein Sinn ist gewiss nicht tyrannisch, und aus Rücksicht habe ich schon oft gefehlt. Auch jetzt, Weib, weiß ich, dass ich einen Fehler mache. Gleichwohl sei dein Wunsch erfüllt. Doch das sage ich dir: Wenn dich und deine Kinder morgen noch die Sonne in den Grenzen dieses Landes sieht, ist es dein Tod. Das sag' ich dir in vollem Ernst. Jetzt bleibe noch den einen Tag, wenn es schon sein muss, denn von dem Schlimmen, das ich fürchte, führst du so schnell nichts aus.

Chor. Armes Weib! Ach wehe! Du Arme, groß ist deine Not! Wohin willst du dich wenden? Durch wessen Gastfreundschaft wirst du ein Haus oder ein Land finden, das dich im Unglück rettet? Wie hat doch ein Gott dich, Medea, in ein Meer von Leid gestürzt, aus dem es kein Entrinnen gibt!

Medea. Von allen Seiten droht mir Unheil. Wer wird es leugnen? Doch ganz so schlimm steht's nicht; das müsst ihr noch nicht glauben. Noch drohen den Neuvermählten Kämpfe und nicht geringe Not den Schwiegereltern. Meinst du denn, ich hätte diesem Mann je geschmeichelt, wenn ich nicht einen Vorteil sähe und eine List plante? Nicht angeredet hätte ich ihn, nicht mit der Hand berührt. Doch der ist ja so töricht; er konnte mich aus dem Land jagen und meinen Plan vereiteln, doch ließ er mich den einen Tag noch bleiben, an dem ich drei von meinen Feinden zu Leichen machen werde, den Vater, die Tochter und meinen Mann. Obschon ich aber, meine Lieben, viele Todeswege für sie kenne, weiß ich noch nicht, welchen ich am besten einschlage. Stecke ich das Hochzeitshaus heimlich in Brand oder schleiche ich in den Palast und stoße ihnen im Brautbett ein scharfes Schwert ins Herz? Doch etwas spricht dagegen: Werde ich ertappt, wie ich das Haus betrete und mir dort zu schaffen mache, so sterbe ich und werde meinen Feinden nur zum Spott. Das Klügste ist, sie schlechtweg zu vergiften; darauf verstehe ich mich am besten.

Gut! Tot wären sie. Welche Stadt nimmt mich dann auf? Wo zeigt mir ein Gastfreund Zufluchtsort und schützendes Haus, um mich zu retten? Da gibt es keinen. Ich warte also noch ein wenig, und zeigt sich mir dann eine sichere Burg, geh' ich mit List in aller Stille an den Mord. Treibt mich jedoch die Not zum Äußersten, greife ich zum Schwert und töte sie, koste es auch mein Leben; dann hilft nur Wagnis und Gewalt. Denn bei der Herrin, die ich am meisten unter allen Göttern ehre, die ich zur Helferin erkor, bei Hekate[1], die am Herd meines Hauses wohnt, ungestraft kränkt keiner von ihnen mein Herz. Ich will ihnen die Hochzeit bitter und traurig machen, bitter die Verschwägerung und meine Vertreibung aus dem Land. Auf! Lass nichts unversucht, was du verstehst! Schmiede Pläne, Medea, brauche List und geh' ans schreckliche Werk! Jetzt gilt es, tapfer zu sein. Du siehst ja, wie man dir mitspielt. Mache dich vor der Sippschaft des Sisyphos[2] und Jasons Hochzeitsgästen nicht lächerlich, du, Tochter eines edlen Vaters, Enkelin des Helios[3]! Mittel hast du genug. Dazu noch bin ich ein Weib, zum Guten wahrlich nicht geschickt, doch höchst erfinderisch in allem Bösen.

1. Standlied (Stasimon)

Chor. Jetzt fließen die Wasser heiliger Ströme zur Quelle zurück, das Recht und alles andere verkehrt sich. Männer sind tückischen Sinnes; auf Schwüre bei Göttern kann man nicht bauen. Mein Ruf aber wird sich wandeln, so dass meinem Geschlecht Ruhm erblüht. Das Frauengeschlecht

---

[1] Unterweltgöttin der Zauberei und der Hexenkunst sowie der Wegkreuzungen, Schwellen und Übergänge. Medea stellt sich hier eng mit der Göttin verbunden dar – in manchen Versionen des Mythos ist Hekate gar ihre Mutter, in anderen wiederum gilt Medea als Priesterin der Unterweltgöttin. Die Verbindung mit Hekate verleiht Medea selbst magische Kräfte.

[2] Kreon war der Sage nach der Sohn des Sisyphos, des Gründers von Korinth. Da dieser als Urbild des Götter und Menschen verachtenden „Frevlers" galt, ist der Ausspruch hier beleidigend gemeint.

[3] Sonnengott und dem Mythos nach der Großvater Medeas

wird Achtung gewinnen. Kein schlimmer Leumund[1] wird die Frauen mehr treffen.
Enden wird die alte Leier der Dichter, die immer von meiner Untreue singen. Leider hat Phoibos[2], der Gott der Lieder, meinem Geist die Gabe göttlichen Sangs zur Lyra[3] verweigert. Sonst hätte ich dem Männervolk ein Gegenlied gesungen. Die lange Zeit kann viel von unserem Wesen, doch auch von dem der Männer erzählen.
Du fuhrst vom Vaterhaus fort mit liebeglühendem Herzen, hast die Doppelfelsen des Meeres durchsegelt und wohnst in fremdem Land; nachdem du, vom Mann verlassen, dein Ehelager verlorst, du Arme, wirst du nun schmachvoll aus dem Land vertrieben.
Das Ansehen des Eides ist dahin, Treu und Glauben wohnen nicht mehr im weiten hellenischen Land, sind zum Himmel emporgeflogen. Du Arme hast kein Vaterhaus, um Zuflucht zu finden in solcher Not. Eine andere Köngin hat sich deines Bettes bemächtigt und ist Herrin im Haus.

2. Aufzug (Epeisodion)

Jason. Nicht jetzt zum ersten Mal, nein, oft schon sah ich, welch heilloses Übel wilder Zorn ist. Du konntest hier im Hause und im Lande wohnen, hättest du die Beschlüsse der Mächtigen willig hingenommen; nun wirst du wegen deiner törichten Reden außer Landes gejagt. Mich kümmert das zwar nicht; sage ruhig unaufhörlich, Jason sei der schändlichste aller Menschen. Doch kannst du von Glück sagen, wenn dich für deine Schmähreden gegen das Herrscherhaus nur Verbannung trifft. Ich wollte stets den Zorn des erbitter-

---

1 Leumund bezeichnet das positive oder negative soziale Ansehen bzw. den Ruf einer Person.

2 Beiname des Gottes Apoll, der oft mit dem antiken Instrument der Kithara dargestellt wurde

3 Die Lyra ist ein antikes Zupfinstrument, das später als Symbol für die Dichtkunst der literarischen Gattung „Lyrik“ Pate stand.

ten Königs besänftigen und hätte gewünscht, dass du hier bleibst. Du aber ließest von deinem Unverstand nicht ab und beschimpftest ständig das Königshaus. Deswegen wirst du aus dem Land gejagt. Ich sage mich dennoch von meinen Lieben nicht los und komme, Frau, aus Sorge für dein Wohl; du sollst nicht mittellos mit den Kindern in die Verbannung gehen oder etwas entbehren. Verbannung bringt ja viele Übel mit sich. Denn wenn du mich auch hassest, bringe ich es doch nicht fertig, dir übelzuwollen.

Medea. Du allererbärmlichster Schuft – ich weiß kein schlimmeres Wort für deine feige Art zu sagen – du, du kommst zu mir, nachdem du mein ärgster Feind geworden bist? Es ist kein Zeichen von Mut und Tapferkeit, seine Familie zu misshandeln und ihr dann noch vor Augen zu treten, nein, es ist das widerlichste aller menschlichen Laster, es ist Schamlosigkeit. Doch kommst du mir gerade recht. Kann ich Vorwürfe gegen dich schleudern, wird mir das Herz leichter, und dir tut es weh, wenn du sie hörst.

Und so beginn' ich mit dem Ersten. Wie alle Hellenen wissen, die mit dir das Schiff Argo bestiegen, habe ich dich gerettet, als man dich schickte, das Gespann der feuerschnaubenden Stiere zu lenken und das todbringende Feld zu besäen.[1] Auch tötete ich den Drachen, der sich vielfach um das goldene Vlies wand und es schlummerlos bewachte, und brachte dir das Licht der Rettung. Ich selbst verriet Vater und Vaterhaus und zog mit dir nach Jolkos am Pelion, zwar mehr dem Herzen folgend als der Klugheit. Auch Pelias brachte ich den Tod, den bittersten, durch seine eigenen Töchter, und befreite dich von aller Furcht.[2] Und trotz solcher Wohltaten,

---

[1] Medea spielt hier auf die Aufgaben an, die Jason zur Erlangung des Vlieses in Kolchis bewältigen musste. Vgl. dazu auch das Kapitel „Medea und Jason – Zur Vorgeschichte der Dramenhandlung", S. 46 ff.

[2] Medea hat der Sage nach die Töchter des Pelias davon überzeugt, sie könnten ihren Vater verjüngen, indem sie ihn töten, zerstückeln und kochen würden, woraufhin diese zu Mörderinnen des Pelias wurden. Vgl. dazu auch das Kapitel „Medea und Jason – Zur Vorgeschichte der Dramenhandlung", S. 46 ff.

du Schurke, verrietst du mich und nahmst ein anderes Weib, obwohl schon Kinder da waren. Denn bliebst du kinderlos, war es verzeihlich, dass du dich in diese Frau verliebtest. Doch du hast deinen Eid gebrochen, und ich frage mich, ob du glaubst, dass die alten Götter nicht mehr herrschen, oder dass bei den Menschen jetzt neue Gesetze gelten; du musst doch wissen, dass du mir einen Meineid schworst. O arme Hand, o arme Knie, so flehend oft von ihm umfasst! Wie heuchlerisch gestreichelt von dem schlechten Menschen! Wie eitel war alle Hoffnung!
Trotzdem will ich mit dir wie mit einem Freund verhandeln. Freilich, welche Wohltat darf ich von dir erwarten? Und doch! Meine Fragen werden dich als noch größeren Schuft entlarven. Wohin soll ich mich nun wenden? Zum Vaterhaus, das ich samt der Heimat dir zuliebe verriet und hierher kam? Oder zu den armen Töchtern des Pelias? Die würden mich schön in ihrem Haus empfangen, die Mörderin ihres Vaters. Denn so steht es: Denen, die mir von Hause aus freund sind, bin ich verhasst geworden, und die, denen ich nichts Böses tun durfte, habe ich mir für dich zu Feinden gemacht. Zum Dank dafür hast du mich glücklich gemacht, wie viele Griechenfrauen meinen. Einen bewundernswerten Gemahl habe ich an dir und einen treuen dazu, ich Arme, die ich als Verbannte aus dem Land fliehen muss, ohne Freunde, verlassen mit verlassenen Kindern. Eine schöne Schande für den neuen Bräutigam, wenn seine Kinder und ich, seine Retterin, als Bettler umherirren!
O Zeus, warum gabst du den Menschen den untrüglichen Prüfstein für verfälschtes Gold, während dem Menschenleib kein Merkmal angeschaffen ist, das uns den Schurken klar erkennen lässt?

Chor. Ganz furchtbar und unversöhnlich ist der Zorn, wenn Gatten miteinander streiten.

Jason. Mir scheint, ich darf kein schlechter Redner sein, sondern darf wie ein kluger Steuermann nur den äußersten Rand der Segel aufspannen, um deiner boshaften Lästerzunge zu entgehen. Da du dein Verdienst so maßlos übertreibst, will ich dir sagen, dass allein Kypris[1] von allen Göttern und Menschen meiner Fahrt Glück verlieh. Dein Geist ist klug genug; doch willst du es nicht hören, wenn ich sage, dass Eros[2] dich mit seinem unentrinnbaren Bogen zwang, mein Leben zu retten. Doch rede ich nicht lang und breit davon und gebe gerne zu, dass du mir nützlich warst. Durch meine Rettung erlangtest aber du selbst größeren Vorteil, als du mir brachtest, wie ich beweisen will. Fürs Erste wohnst du nun in Hellas statt im Barbarenland[3] und lernst das Leben nach Gesetz und Ordnung statt des Faustrechts kennen. Auch haben alle Hellenen erkannt, dass du klug bist, und so gewannst du Ruhm. Denn lebtest du noch immer an den äußersten Grenzen der Erde, schwiege die Welt von dir. Ich jedenfalls möchte weder Gold im Hause haben noch schöner singen als Orpheus[4], wäre mein Leben ohne Ruhm. So viel von meinen Verdiensten um dich. Du wolltest ja den Redekampf. Da du mich aber wegen meiner Ehe mit der Königstochter schmähtest, will ich beweisen, dass ich damit erstens klug handelte, zweitens besonnen und drittens als wahrer Freund für dich und meine Kinder. Fahre nur nicht auf!

Als ich aus Jolkos mit vielen schweren Sorgen hierher kam, welch größeren Glücksfund konnte ich da machen als die Heirat mit der Königstochter, ich, der nur ein Verbannter

---

1 Beiname für Aphrodite, die Göttin der Schönheit, der Liebe und der sinnlichen Begierde

2 Eros ist der Gott der begehrlichen Liebe, dessen Eigenschaften heute noch in dem Begriff „Erotik“ gespiegelt werden. Er wird oft mit einem Pfeil und Bogen dargestellt, und es heißt, wen der Pfeil treffe, der verliebe sich unsterblich in einen bestimmten Menschen.

3 Jason vertritt hier die Auffassung von einem grundlegenden kulturellen Gegensatz zwischen dem „barbarischen“, unzivilisierten Kolchis und dem gebildeten, zivilisierten Griechenland.

4 Orpheus ist ein Sänger und Dichter der griechischen Mythologie. Der Sage nach nahmen ihn die Argonauten auf die Reise nach Kolchis mit, denn er sang so schön, dass er mit seinem Gesang sogar das wütende Meer sowie die Feinde besänftigen und die lauernden Sirenen übertönen konnte.

war? Das tat ich nicht, wie du so bissig sagst, weil mir dein Bett verleidet wäre, oder vom Verlangen nach einer neuen Braut und vom Wunsch nach möglichst vielen Kindern getrieben; mir genügen die schon geborenen, und sie sind mir recht. Ich tat es vor allem, damit wir einen anständigen Haushalt führen und nicht Mangel leiden sollten; denn ich weiß, dass jeder Freund dem Armen aus dem Wege geht. Auch wollte ich die Kinder so aufziehen, wie es meinem Haus ansteht, deinen Söhnen Brüder schenken, die sie zu gleichem Rang erheben und durch die Verbindung beider Familien unser Glück machen. Denn wozu brauchst du noch Kinder? Mir aber ist es wichtig, den schon geborenen Kindern durch die künftigen zu nützen. War also mein Entschluss so falsch? Auch du würdest das nicht behaupten, quälte dich nicht Eifersucht. Doch leider seid ihr Weiber so: Wenn in der Ehe alles gut geht, glaubt ihr, euch gehört die Welt. Gibt es dann Unglück in der Ehe, stellt ihr das Beste und Schönste als das Schlimmste hin. Es wäre ja am besten, wenn der Mensch sich anders Kinder zeugte und es die Weiber gar nicht gäbe. So gäbe es kein Unglück in der Welt.

Chor. Du hast die Worte, Jason, schön gesetzt, doch scheint es mir – mag ich auch anders sprechen, als du denkst – nicht recht getan, wenn du die Frau verlässt.

Medea. Ich bin gewiss in vielem anders als viele Menschen. In meinen Augen nämlich macht sich einer schwerster Strafe schuldig, wenn er ein Schurke und dabei noch zungenfertig ist. Denn wer sich rühmt, er könne mit Worten Unrecht bemänteln, wagt jede Schandtat. Und doch ist er nicht allzu klug. So spiele auch jetzt nicht gegen mich den Scheinheiligen und großen Redner. Ein einziges Wort nämlich streckt dich zu Boden. Wärst du kein Schuft, so hättest du nur mit meiner Zustimmung diese Ehe schließen und sie nicht den Deinen verheimlichen dürfen.

Jason. Ja, du hättest mich gewiss bei meinem Vorhaben unterstützt, hätte ich dir von dieser Ehe gesprochen, wo du nicht einmal jetzt von deinem schweren Groll ablassen kannst.

Medea. Nicht diese Überlegung hielt dich ab. Nein! Dir schien unrühmlich, mit der Barbarin lebenslang das Bett zu teilen.

Jason. So glaub' doch endlich, dass ich die neue Ehe mit der Königstochter nicht wegen ihrer Reize schloss, sondern, wie ich schon vorhin sagte, um dich zu schützen und meinen Kindern Brüder aus königlichem Geschlecht zu zeugen als Stützen unseres Hauses.

Medea. Ich wünsche mir kein Glück, das Leid bringt, und nicht Reichtum, der mein Herz zerreißt.

Jason. Weißt du, wie du den Standpunkt ändern und vernünftiger erscheinen kannst? Halte das Gute nicht für schlimm, und geht es dir gut, meine nicht, du seist unglücklich.

Medea. Spotte nur! Du hast ein sicheres Dach, ich aber muss allein und hilflos aus dem Lande fliehen.

Jason. Du wolltest es so. Klage keinen anderen an!

Medea. Was hab' ich denn getan? Habe ich geheiratet und dich betrogen?

Jason. Du hast gottlose Flüche gegen das Königshaus ausgestoßen.

Medea. Auch deinem Hause fluche ich noch immer.

Jason. Darüber streite ich mit dir nicht länger. Doch wenn du für die Kinder oder dich aus meinem Gut eine Hilfe für die Verbannung annehmen willst, so sag' es! Denn ich bin bereit, mit vollen Händen zu geben und meinen Gastfreunden Empfehlungsbriefe zu schicken, damit sie dir helfen. Und nimmst du das nicht an, Weib, bist du dumm. Doch lässt du gar von deinem Groll, wirst du noch besser fahren.

Medea. Deine Gastfreunde brauche ich nicht, nehme auch nichts von dir, und du biete mir nichts an! Denn schlechten Mannes Gabe bringt kein Glück.

Jason. Nun gut! So rufe ich die Götter zu Zeugen, dass ich dir und den Kindern in allen Stücken helfen will. Doch du verschmähst dein Glück und stößt den Freund im Trotz zurück. Dafür wirst du noch schwerer leiden.

Medea. Geh doch! Dich packt ja Sehnsucht nach der neuen Braut, wenn du so lang von ihrem Haus abwesend bist. Heirate nur! Vielleicht – Gott mache mein Wort wahr! – reut dich die neue Ehe noch.

2. Standlied (Stasimon)

Chor. Wenn die Liebe zu stark über jemand kommt, bringt sie Menschen nicht Ruhm, nicht Gedeihen; kommt aber Kypris[1] mit Maß, beglückt keine andere Göttin wie sie. Nie, Herrin, sende auf mich vom goldenen Bogen den unentrinnbaren Pfeil, mit Liebessehnsucht vergiftet!
Gewogen sei mir das heilige Maß, die schönste Gabe der Götter! Möge mir nie die schreckliche Kypris den Sinn verwirren und Zank, Groll und endlosen Streit wegen einer anderen Frau schicken, sondern meine Ehe in Frieden segnen, klug walten über dem Lager der Frauen!
O Vaterland, o Vaterhaus, möcht' ich doch nie heimatlos werden und ein schweres Leben in Mangel führen, das jämmerlichste aller Leiden. Das Ende, der Tod raffe mich hin, bevor ich diesen Tag erlebe! Keine andere Not ist so bitter wie Verlust der Heimat.
Das sah ich mit an und kann es, nicht nur vom Hörensagen, behaupten. Denn keine Stadt und kein Freund fühlte ja Mitleid mit dir, als du das schwerste aller Leiden littest. Ohne Erbarmen soll umkommen, wer nicht fähig ist, die Freunde zu ehren und ihnen ein reines Herz zu öffnen; so einer wird nie mein Freund sein.

3. Aufzug (Epeisodion)

Aigeus. Freude dir, Medea! Mit schönerem Wort kann niemand seinen Freund begrüßen.

Medea. Freude auch dir, Aigeus, Sohn des weisen Pandion[2]. Woher kommst du in dieses Land?

Aigeus. Ich komme von Apollons alter Orakelstätte.[3]

---

1 Beiname von Aphrodite, der Göttin der Schönheit, der Liebe und der sinnlichen Begierde
2 König Athens
3 Gemeint ist das Orakel von Delphi, die wichtigste Weissagungsstätte im antiken Griechenland.

Medea. Und warum gingst du zum weissagenden Nabel der Erde?
Aigeus. Ich fragte, wie mir Kindersegen werden könnte.
Medea. Bei allen Göttern! Lebst du denn bis heute kinderlos?
Aigeus. Ja, ich bin durch eines Gottes Fügung ohne Kinder.
Medea. Hast du eine Frau oder bist du unverheiratet?
Aigeus. Das Ehejoch ist mir nicht fremd.[1]
Medea. Was riet dir also Phoibos[2] wegen der Kinder?
Aigeus. Er sprach noch weiser, als ein Mensch verstehen kann.
Medea. Ist es erlaubt, den Spruch des Gottes zu erfahren?
Aigeus. Gewiss, zumal er eines klugen Sinns bedarf.
Medea. Wie lautet das Orakel? Sprich, wenn ich es hören darf!
Aigeus. Ich soll des Schlauches Hals nicht lösen, bis ...
Medea. ... du was getan hast oder wohin kamst?
Aigeus. Bis ich zum Herd der Väter heimgelangt.[3]
Medea. Wozu dann lenktest du das Schiff zu diesem Land?
Aigeus. Es lebt hier ein gewisser Pittheus, Herr im Land Troizen[4].
Medea. Ein Sohn des Pelops, sagt man, ein sehr frommer Mann.
Aigeus. Ihm will ich das Orakel des Gottes mitteilen.
Medea. Ja, der Mann ist klug und versteht sich auf solche Dinge.
Aigeus. Er ist mir auch der liebste aller meiner Kriegsgefährten.
Medea. So lebe wohl, gewinne alles, was du wünschst.
Aigeus. Doch warum sind dein Antlitz und dein Leib so abgehärmt?
Medea. O Aigeus, mein Gatte ist der schlimmste Schurke auf der Welt.
Aigeus. Was sagst du da? Sag mir genau, was dich bekümmert!

---

1 Der Sage nach war er mehrfach verheiratet.
2 Beiname des Gottes Apollon, Gott des Lichts, der Heilung, der sittlichen Reinheit und des Frühlings
3 Plutarch, ein antiker Autor, versteht und formuliert die Weisung des delphischen Orakels an Aigeus in einem erotischen Sinn. Es solle empfohlen haben, dass Aigeus nicht eher eine Frau berühre, bis er nach Athen zurückgelangt sei.
4 Stadt an der Ostküste der griechischen Halbinsel Peloponnes

Medea. Jason tut mir Unrecht und ist doch nicht von mir gekränkt.

Aigeus. Was tat er dir? Erzähle es mir deutlicher.

Medea. Er hat außer mir noch eine andere als Herrin im Hause.

Aigeus. Wagte er wirklich solche Schandtat?

Medea. Du darfst es glauben! Wir, seine frühere Familie, gelten nichts mehr.

Aigeus. Ist er verliebt oder deines Lagers überdrüssig?

Medea. Die Liebe hat ihn mit Gewalt gepackt. Treue gegen die Seinen kennt er nicht.

Aigeus. Lass ihn doch laufen, wenn er so schlecht ist, wie du sagst!

Medea. Ihn fasste Verlangen, sich mit dem Königshaus zu verbinden.

Aigeus. Wer gibt ihm seine Tochter? Sag mir alles!

Medea. Kreon, der Herrscher hier im Land Korinth.

Aigeus. Dann ist es zu begreifen, Frau, wenn du dich grämst.

Medea. Ich bin verloren, und man jagt mich auch noch aus dem Land.

Aigeus. Wer tut es? Du nennst ja noch ein zweites Unglück.

Medea. Kreon verbannt mich, treibt mich aus Korinth.

Aigeus. Und Jason lässt es zu? Auch das scheint mir nicht gut.

Medea. Er stimmt nicht zu, doch lässt er es geschehen. So flehe ich dich an bei deinem Kinn und falle bittend dir zu Füßen, erbarme dich, erbarm dich meiner Not und lass nicht zu, dass ich verlassen und hinausgestoßen werde! Nimm mich in deinem Land als Hausgenossin auf! Dann mögen dir die Götter deinen Kinderwunsch erfüllen, Glück dir schenken bis zum Tod. Du ahnst nicht, welcher Glücksfund ich dir bin. Ich mache deiner Kinderlosigkeit ein Ende und bewirke, dass du fruchtbar wirst; die Mittel dazu kenne ich.[1]

Aigeus. Ich bin dir gern gefällig, Frau, aus vielen Gründen, einmal um der Götter willen, dann aber wegen der Kinder,

---

1 Der Sage nach hatte Medea, die Zauberin, Macht über die männliche Potenz und besaß die Fähigkeit, Männer zu verjüngen. Vgl. dazu „Variationen des Medea-Mythos – Zur Stoffgeschichte“, S. 51 ff.

deren Geburt du mir verheißt. Denn danach gehen alle meine Wünsche. Doch steht die Sache so für mich: Kommst du in mein Land, will ich versuchen, dir Gastfreundschaft zu bieten, wie es sich gebührt. So viel jedoch, Frau, sage ich dir gleich: Aus diesem Land hier will ich dich nicht fortführen; doch kommst du selber in mein Haus, kannst du dort sicher bleiben, und ich werde dich nie jemand ausliefern. Nur musst du selbst dies Land verlassen, denn ich will auch Fremden gegenüber ohne Tadel sein.

Medea. So will ich es machen. Bekäme ich aber ein Treueversprechen, hätte ich alles, was ich von dir wünsche.

Aigeus. Vertraust du mir nicht? Oder was macht dir Bedenken?

Medea. Dir traue ich. Doch ist mir die Sippe des Pelias feind und Kreon. Und wenn diese mich aus deinem Land wegführen wollen, wirst du mich kaum ausliefern, wenn dich Eide binden. Hast du aber jetzt nur so zugesagt und nicht bei den Göttern geschworen, wirst du vielleicht ihr Freund, und ihre Herolde hätten dich bald umgestimmt. Denn ich bin nur ein schwaches Weib, sie aber haben Reichtum und Herrschermacht.

Aigeus. Du zeigst in deiner Rede große Vorsicht, Frau. Nun, wenn du meinst, will ich deinen Wunsch erfüllen. Denn mir gibt es Sicherheit, wenn ich deinen Feinden zu meiner Rechtfertigung etwas vorweisen kann, und auch deine Stellung wird sicherer. Nenne die Schwurgötter!

Medea. Schwöre beim Grund der Erde, bei Helios, dem Vater meines Vaters, und beim ganzen Geschlecht der Götter!

Aigeus. Was zu tun oder zu lassen? Sprich!

Medea. Mich weder selbst aus deinem Land je zu vertreiben noch, solang du lebst, freiwillig auszuliefern, sollte ein Feind von mir mich wegführen wollen.

Aigeus. Ich schwöre bei der Erde, beim strahlenden Licht des Helios und bei allen Göttern, zu halten, was du mir vorsprachst.

Medea. Genug! Was aber soll dich treffen, wenn du diesen Schwur nicht hältst?

Aigeus. Alles, was meineidigen Menschen widerfährt.

Medea. So wünsche ich dir Glück zur Reise. Alles steht ja gut. Und ich will möglichst rasch in dein Land eilen, wenn ich mein Vorhaben ausgeführt und meinen Wunsch erfüllt habe.

Chor. So lasse dich Maias Sohn, der geleitende Herrscher[1], heimgelangen! Mögest du erreichen, worauf du so eifrig Tun und Denken richtest, denn für mich, Aigeus, bist du ein edler Mann.

Medea. O Zeus, Recht des Zeus und Licht des Helios! Jetzt, liebe Freundinnen, werden wir über unsere Feinde triumphieren, jetzt sind wir auf dem rechten Weg. Nun darf ich auf Bestrafung meiner Feinde hoffen. Denn dieser Mann erschien in höchster Not als rettender Hafen für meine Pläne. An ihm knüpfe ich Haltetaue des Achterschiffs fest, wenn ich zu Stadt und Burg der Pallas[2] komme. Doch nun will ich dir meinen ganzen Plan enthüllen; du aber halte meine Worte nicht für einen Scherz!

Ich schicke eine meiner Dienerinnen und bitte Jason, zu mir herzukommen. Kommt er, will ich ihm sanfte Worte geben, sagen, dass ich ihm zustimme und dass die Ehe mit der Königstochter trotz des Verrates gut und richtig sei; sie sei auch vorteilhaft und wohlerwogen. Dann bitte ich, dass meine Kinder bleiben dürfen. Ich will zwar meine Kleinen nicht im Feindesland zurücklassen, sodass die Gegner sie misshandeln, aber ich will die Königstochter mit einer List töten. Ich werde nämlich die Kinder mit Gaben in der Hand schicken, die sie der jungen Frau bringen sollen, um nicht verbannt zu werden. Ein hauchzartes Gewand ist es und ein goldener Kranz. Nimmt sie jedoch den Schmuck und legt ihn an, wird sie und jeder, der sie nur berührt, in Qualen sterben. Mit solchem Gift will ich die Gaben tränken.

---

1 Gemeint ist Hermes, Götterbote und Schutzgott der Reisenden und des Verkehrs. Hermes ist dem Mythos nach aus einer Verbindung Zeus' mit der Titanentochter Maia entstanden.

2 Gemeint ist die Göttin Pallas Athene, der Sage nach die Namensgeberin der Stadt Athen.

Doch genug, kein Wort mehr! Aber ach! Welch schweres Werk muss ich dann tun! Ich muss die eigenen Kinder töten, und es gibt niemand, der sie mir entreißt. Und habe ich dann Jasons ganzes Haus zerstört, verlasse ich das Land und fliehe, nach dem ärgsten Frevel, dem Mord an meinen liebsten Kindern. Denn unerträglich ist, ihr Lieben, meiner Feinde Spott.

Sei's drum! Was bringt das Leben mir noch an Gewinn? Ich habe kein Vaterland, kein Obdach, keine Zuflucht im Unglück. Ich handelte damals falsch, als ich das Vaterhaus verließ, durch eines Griechen Wort betört; der soll mir, so Gott will, es büßen. Denn was an mir liegt, sieht er seine Kinder nie mehr lebend wieder, und mit der neuen Frau zeugt er keinen Sohn, weil sie, die Böse, durch mein Gift bös sterben muss. Man soll mich nicht für feige, kraftlos oder träge halten, sondern für eine vom andern Schlag, den Feinden furchtbar, Freunden wohlgesinnt. Das Leben solcher Menschen bringt ja höchsten Ruhm.

Chor. Da du uns deinen Plan verrätst, rate ich dir dringend ab, denn ich möchte dir helfen, achte aber auch die menschlichen Gesetze.

Medea. Es gibt keinen anderen Weg. Doch ist verzeihlich, dass du so sprichst, da du kein solches Leid erfuhrst wie ich.

Chor. Bringst du es wirklich fertig, Weib, dein eigen Fleisch und Blut zu töten?

Medea. Ja! Denn das trifft meinen Mann am schwersten.

Chor. Doch du wirst so die unseligste Frau.

Medea. Mag sein! Umsonst versuchst du zu vermitteln. – Auf! Geh und hole Jason her. Denn wenn's um treue Dienste geht, bau ich auf dich. Verschweige aber meinen Plan, wenn du es gut mit deiner Herrin meinst und ein rechtes Weib bist.

3. Standlied (Stasimon)

Chor. Ihr Enkel des Erechtheus[1], von alters gesegnet und Kinder seliger Götter, ihr stammt aus heiligem, unversehrtem Land, nährt euch an hochberühmter Weisheit, schreitet immer voll Anmut durch hellglänzendes Licht, dort, wo einst die heiligen neun Pierischen Musen[2], wie es heißt, die blonde Harmonia schufen.

Sie rufen an den Wellen des lieblich strömenden Kephisos[3] Kypris[4] an, sie möge das Land aus dem Fluss berieseln und weiche, sanfte Lüfte herabsenden; sie, die sich stets einen duftenden Kranz von Rosen ins Haar drückt, möge die Eroten[5] senden, Gefährten der Weisheit, Helfer zu vielfachem Guten.

Wie soll nun die Stadt an heiligen Flüssen oder das gastliche Land dich hegen, dich, die Kindsmörderin, nicht fromm unter Frommen? Bedenke den Todesstoß gegen die Kinder, bedenke, welchen Mord du begehst! Morde die Kinder nicht! Bei deinen Knieen flehe ich dich an, so inständig ich vermag. Woher nimmt dein Herz den Mut für Geist oder Hand gegen deine Kinder, um den grausen Frevel zu wagen? Wie kannst du die Kinder ansehen und sie ohne Tränen ermorden? Fallen die Kleinen dir flehend zu Füßen, vermagst du nicht, vermessenen Sinnes deine Hand mit Mordblut zu benetzen.

---

1 Gemeint ist das athenische Volk. Erechtheus war einer der mythischen Könige von Athen. Euripides hebt in diesem Standlied seine Heimatstadt heraus, indem er die athenische Landschaft und die Klugheit ihrer Bewohner preist.

2 neun Töchter Zeus' aus Pierien, einem Ort in der Nähe des Olymp, die der Sage nach die zehnte Muse „Harmonia" zeugten

3 Fluss in Griechenland

4 Beiname von Aphrodite, der Göttin der Schönheit, der Liebe und der sinnlichen Begierde

5 allegorische, bildliche Darstellung geflügelter Liebesgötter, meist in Kindergestalt

4. Aufzug (Epeisodion)

Jason. Ich komme, da du riefst. Denn trotz deines Hasses sollst du keine Fehlbitte[1] tun. Nein, ich will hören, Weib, was du so plötzlich von mir willst.

Medea. Jason, ich bitte dich, verzeih mir, was ich sagte. Es ist aber billig[2], dass du mir den Zorn nicht nachträgst, da wir uns beide viel Gutes erwiesen. Doch ging ich mit mir ins Gericht und schalt mich selbst: Schreckliches Weib! Was rase ich und zürne denen, die für mein Wohl besorgt sind, stelle mich feindlich zum Herrscher dieses Landes und zu meinem Gatten. Tut er für uns nicht das Beste, da er die Fürstin heiratet und meinen Kindern Brüder schenkt? Was fällt mir ein? Will ich vom Groll nicht lassen, wo die Götter alles so gut fügen? Habe ich denn nicht Kinder, weiß ich nicht, dass ich das Land verlassen muss und ohne Freunde bin? Als ich so in mich ging, sah ich ein, dass ich doch töricht bin und grundlos zürne. Jetzt nämlich lobe ich dich. Du scheinst mir klug zu handeln, da du uns die neue Verwandtschaft gewannst; ich aber war von Sinnen und hätte doch an deinem Plan teilnehmen und ihn fördern sollen, beim Brautbett stehen und freudig deine Braut umsorgen. Allein wir sind nun einmal, wie wir sind, – ich will nichts Schlimmes sagen – Weiber. Vergilt also nicht Böses mit Bösem, setze nicht Torheit gegen Torheit. Ich lenke ein und gebe zu, dass ich vorhin unrecht hatte, doch jetzt habe ich es besser überlegt.
Kinder, Kinder! Kommt her! Verlasst das Haus, kommt, begrüßt den Vater, sprecht mit mir zu ihm; lasst von der früheren Feindschaft, werdet wieder Freunde wie eure Mutter! Denn nun sind wir versöhnt, verflogen ist der Groll. Fasst seine rechte Hand! Ach! Wie kommt mir doch das verborgene Unheil in den Sinn! Wie lange, liebe Kinder, werdet ihr noch leben und eure lieben Hände ausstrecken? Ich Arme! Wie bin ich plötzlich voller Tränen und voll Furcht!

---

1 vergebliche Bitte
2 im Sinne von recht und billig

Weil ich so spät vom Streit mit eurem Vater ließ, fließen nun Tränen über dieses zarte Antlitz.

Chor. Auch mir fließen helle Tränen aus den Augen. Wenn nur kein Unglück geschieht, das größer ist als dieses!

Jason. Frau, ich lobe deine neue Gesinnung und will die frühere nicht tadeln. Natürlich zürnt die Frau dem Gatten, der eine neue Ehe nach der ersten schließt. Doch hast du dich eines Besseren besonnen und, wenn auch spät, meine überlegene Einsicht anerkannt. So macht es eine vernünftige Frau. Für euch aber, liebe Kinder, hat der Vater nicht unbedacht eine mächtige Stütze errichtet, und die Götter halfen ihm. Ich glaube nämlich, dass ihr mit euren Brüdern einst die Ersten hier im Land Korinth sein werdet. Gedeiht nur recht! Das andere wird euer Vater wirken und Götter, die uns gnädig sind. Ich möchte gern erleben, dass ihr heranwachst, zu Männern reift und meinen Feinden überlegen seid! Doch du, was netzest du die Augen mit hellen Tränen und wendest das bleiche Antlitz ab? Warum nimmst du meine Worte nicht freudig auf?

Medea. Nichts, nichts! Ich dachte nur an die Kinder und –

Jason. Jetzt kannst du doch beruhigt sein. Ich werde sie gut versorgen.

Medea. Ich will ja ruhig sein. Deinen Worten misstraue ich gewiss nicht. Ein Weib ist eben empfindsam und stets den Tränen nah.

Jason. Was jammerst du denn so haltlos über die Kinder?

Medea. Ich bin doch ihre Mutter. Und als du vorhin den Kindern langes Leben wünschtest, fassten mich Jammer und Zweifel, ob sich dieser Wunsch erfüllt. Doch das, worüber du mit mir reden sollst, ist nur zum Teil besprochen, das andere sage ich jetzt. Da es dem Herrscher beliebt, mich aus dem Land zu schicken, sehe ich wohl ein, dass es auch für mich das Beste ist, nicht hier zu bleiben, dir und dem Landesherrn zur Last; ich gelte ja als Feindin des Königshauses. So fliehe ich und gehe außer Landes. Du aber bitte Kreon, dass die Kinder das Land nicht verlassen müssen, damit sie unter deiner Obhut aufwachsen.

Jason. Ich weiß nicht, ob ich ihn überreden kann. Doch muss man es versuchen.

Medea. Dann bitte doch die Gattin, ihren Vater anzuflehen, dass die Kinder das Land nicht verlassen müssen.

Jason. Das tue ich gern und denke, ich kann sie überreden.

Medea. Gewiss, wenn sie wie andere Frauen ist. Doch auch ich will dir bei dieser Mühe helfen. Ich will die Kinder mit Geschenken zu ihr senden, die, das weiß ich gewiss, das Allerschönste sind, was es jetzt auf der Welt gibt, ein feines Kleid und ein Kranz aus getriebenem Gold. Eine Dienerin soll den Schmuck schleunigst herbringen. Nicht einmal, sondern tausendmal wird sie sich glücklich preisen, dass sie dich, den größten Helden, zum Gemahl gewann und den Schmuck besitzt, den einst Helios, der Vater meines Vaters, seinen Enkeln gab. Nehmt die Gabe hier, Kinder, bringt sie der glücklichen Königsbraut, übergebt sie ihr! Sie wird ein unverächtliches[1] Geschenk erhalten.

Jason. Du Törin, was beraubst du dich dieses Schmuckes? Meinst du, dem Herrscherhaus fehle es an Gewändern oder Gold? Bewahre die Kleinode auf und gib sie nicht weg! Denn wenn meine Frau etwas auf mich hält, zieht sie mich den Schätzen vor, das weiß ich gewiss.

Medea. Sag das nicht! Es heißt, dass Geschenke sogar Götter gewinnen. Gold vermag bei Menschen mehr als tausend Worte. Sie ist jetzt glücklich, Gott erhöht ihr Los, sie ist die junge Fürstin. Um die Verbannung meiner Kinder abzuwenden, gäbe ich mein Leben, nicht nur Gold. Geht, Kinder, in den reichen Palast, fleht die junge Frau eures Vaters, meine Herrin, an! Bittet, wenn ihr den Schmuck überreicht, dass ihr das Land nicht verlassen müsst! Mit eigener Hand – denn darauf kommt es an – muss sie die Gabe nehmen. Geht rasch! Richtet den Auftrag sorgsam aus und bringt der Mutter frohe Kunde, dass ihr Wunsch erfüllt ist.

---

1 im Sinne von „nicht zu verachten“

4. Standlied (Stasimon)

Chor. Jetzt habe ich keine Hoffnung mehr für das Leben der Kinder, jetzt nicht mehr. Sie gehen ja schon dem Tod entgegen. Nehmen, annehmen wird die unselige Braut den verhängnisvollen Goldschmuck. Um ihr blondes Haar wird sie mit eigener Hand den Tod legen.
Zauber und überirdischer Glanz wird sie verführen, das goldgewirkte Gewand und den Kranz zu tragen. Bald wird sie sich im Totenreich als Braut schmücken. In solche Verstrickung und tödliches Geschick wird die Unselige stürzen. Dem Unheil wird sie nicht entrinnen.
Und du, Ärmster, Unglücksbräutigam, des Königs Schwiegersohn, führst ahnungslos das Verderben heran gegen das Leben deiner Kinder und schrecklichen Tod deinem Weib. Unseliger, wie blind bist du für dein Geschick!
Doch auch dein Leid beklage ich, arme Mutter deiner Söhne, die du die Kinder morden wirst wegen des Ehebettes, das dein Gemahl ruchlos verriet, um mit einer anderen Frau zu leben.

5. Aufzug (Epeisodion)

Erzieher. Den Kindern, Herrin, bleibt die Verbannung erspart, und deine Gaben nahm die königliche Braut gern mit eigener Hand entgegen. Von dort haben deine Kinder nichts mehr zu fürchten.
Was ist dir? Warum stehst du verstört bei so viel Glück?

Medea. Ach, ach!

Erzieher. Dein Wehruf stimmt nicht recht zu meiner Botschaft.

Medea. Weh, abermals weh!

Erzieher. Brachte ich ahnungslos eine schlimme Botschaft? Täuscht mich die Hoffnung, Frohes zu verkünden?

Medea. Du hast gekündet, was zu künden war. Ich tadle dich nicht.

Erzieher. Warum schlägst du dann die Augen nieder und weinst?

Medea. Dazu, Alter, treibt mich bittere Not. Denn die Götter und ich in meinem Hass fügten es so.

Erzieher. Nur Mut! Gewiss holen dich die Kinder später einmal heim.

Medea. Doch vorher hole ich Arme andere heim.

Erzieher. Du bist ja nicht die Einzige, die man von ihren Kindern trennte. Ein Mensch darf das Unglück nicht so schwer nehmen.

Medea. So will ich tun. Geh nun ins Haus und sorge für die Kinder, ganz wie jeden Tag! O Kinder, Kinder! Euch gehören jetzt Stadt und Haus, wo ihr wohnen werdet; ihr verlasst mich Arme, verliert eure Mutter für immer. Ich aber gehe nun verbannt in ein fremdes Land, bevor ich euer froh ward und euch glücklich sah, vor eurer Hochzeit, ehe ich eure Frauen und euer Bett schmückte und die Hochzeitsfackel emporhielt. In welchen Jammer stürzte mich mein Trotz! Vergebens habe ich euch aufgezogen, Kinder, umsonst mich abgemüht, in Arbeit abgehärmt, bittere Schmerzen bei der Geburt erduldet. Gewiss, einst baute ich Arme große Hoffnungen auf euch, dass ihr mich im Alter pflegen und nach meinem Tod schön bestatten würdet, zum Neid für alle Menschen. Jetzt aber ist die süße Hoffnung dahin. Denn euer beraubt werde ich ein leidvolles, schmerzreiches Leben führen. Ihr aber werdet mit euren lieben Augen die Mutter nicht mehr sehen, da ihr in einen anderen Stand getreten seid.
Weh, weh! Warum sehen mich eure Augen so an, Kinder? Warum schenkt ihr mir euer letztes Lächeln? Ach! Was soll ich tun? Beim Anblick dieser hellen Kinderaugen schwindet, Frauen, all mein Mut. Ich vermag es nicht. Fort mit den Plänen von vorhin! Ich will die Kinder von hier mitnehmen. Warum soll ich den Vater durch ihr Unglück kränken, doch selber doppelt leiden? Nie und nimmer! Fort mit diesem Plan!
Und doch, was fällt mir ein? Will ich zum Gespött werden und meine Feinde straflos lassen? Da heißt es tapfer sein. Wie feig bin ich doch, einer weichlichen Regung in meinem Herzen nachzugeben. Kinder, geht hinein! Wenn es aber

einer für Unrecht hält, meinem Opfer beizuwohnen, so ist es seine Sache. Meine Hand wird nicht versagen.
Weh, weh! Nein doch, Herz, tu es nicht! Elende, lass sie! Schone die Kinder! Dort werden sie mit dir leben und dich beglücken. Doch bei den Rachegeistern drunten im Hades, nie und nimmer darf ich meine Kinder dem Übermut der Feinde preisgeben. Das steht nun einmal fest, ist unvermeidlich. Jetzt sitzt der Kranz schon auf dem Haupt, die königliche Braut stirbt hin in ihrem Kleid, das ist gewiss. Wohlan, so gehe ich jetzt den leidvollsten Weg, und diese Kleinen schicke ich auf einen noch leidvolleren.
Ich will die Kinder noch einmal anreden. Liebe Kinder! Gebt, gebt der Mutter euer Händchen, damit sie es drücken kann! O liebe Hand, o lieber Mund, ihr edlen Züge, Antlitz meiner Kinder! Seid glücklich – aber drüben! Denn hier hat euch der Vater alles Glück geraubt. O süßes Umfangen, weiche Wange, süßer Kinderatem! Geht, geht! Ich kann euch nicht mehr ansehen, das Leid überwältigt mich. Nun erkenne ich, welche Untat ich begehen will. Doch stärker als die Einsicht ist die Leidenschaft, die Menschen größtes Unglück bringt.

Chor. Schon oft wagte ich mich an tiefere Betrachtungen und kühnere Fragen, als dem weiblichen Geschlecht ziemt. Doch auch in uns lebt der Trieb zur Bildung, verbunden dem Drang nach Wissen, wenn auch nicht in allen Frauen. Unter vielen findet sich vielleicht eine, die den Musen[1] nicht abhold ist. Und so sage ich, dass Menschen, die die Ehe nicht kennen und keine Kinder zeugten, weit glücklicher sind als alle, die Kinder haben. Kinderlose, die nie erfuhren, ob Kinder den Menschen Wonne oder Qual bringen, bleiben von vielen Nöten verschont. Wer aber in seinem Haus ein süßes Volk von Kindern hat, der muss, wie ich sehe, die ganze Zeit sich in Sorgen verzehren, zuerst, wie er die Kinder gut aufzieht, dann, wie er ihnen ein Vermögen hinterlässt. Und nach all dem ist es noch ungewiss, ob man sich für schlechte oder gute Kinder abmüht. Nun aber will das Leid offen nennen,

---

1 Die Musen sind die Schutzgöttinnen der Künste.

das allen Sterblichen das äußerste ist. Denn hat man wirklich genug Vermögen erworben und sind die Kinder herangereift und tüchtig geworden, dann rafft sie, will es das Unglück, der Tod hin, zum Hades[1]. Was also frommt es, wenn Götter den Menschen zum übrigen Leid noch den quälenden Schmerz um die Kinder aufbürden?

Medea. Schon lange warte ich voll Ungeduld, ihr Lieben, wie die Sache dort ausgeht. Da sehe ich endlich einen von Jasons Dienern kommen. Sein keuchender Atem zeigt, dass er ein unerhörtes Unglück melden wird.

Bote. Du hast eine schreckliche, frevelhafte Tat begangen, Medea! Fliehe, fliehe, lass weder Schiff noch Wagen unbenutzt!

Medea. Was triebe mich denn zu so eiliger Flucht?

Bote. Soeben sind die königliche Braut und ihr Vater Kreon durch deine Gifte umgekommen.

Medea. Du bringst die schönste Botschaft; von nun an zähle ich dich unter meine Wohltäter und Freunde.

Bote. Was sagst du? Weib, bist du noch bei Sinnen und nicht ganz verrückt? Du hast die königliche Familie ruchlos vernichtet, freust dich noch, es zu hören, und hast keine Furcht?

Medea. Ich könnte deinen Worten manches entgegenhalten. Doch hab' es nicht so eilig, Lieber, und erzähle mir! Wie starben sie? Denn du machst mir doppelt Freude, wenn sie recht jämmerlich zugrunde gingen.

Bote. Als deine beiden Söhne mit ihrem Vater kamen und das Hochzeitshaus betraten, freuten wir Diener uns alle, denn wir litten unter deiner Not. Sogleich durchflog den ganzen Palast das Gerücht, du und dein Gemahl hätten den früheren Zwist beigelegt. Der eine küsste die Hände der Knaben, der andere ihr blondes Haar. Ich selbst folgte in meiner Freude den Kindern ins Frauengemach. Die Herrin, der wir jetzt an deiner Statt huldigen, warf Jason liebevolle Blicke zu und sah

---

1 Hades bezeichnet gleichermaßen die Unterwelt wie auch den dort herrschenden Gott.

dann erst deine beiden Kinder. Sie verhüllte ihre Augen und wandte das erblasste Antlitz ab, empört über das Erscheinen der Knaben. Dein Gatte aber suchte Zorn und Groll der jungen Frau zu besänftigen, indem er sprach: „Du wirst doch gegen deine Verwandten keinen Hass hegen; lass ab zu zürnen, wende dein Gesicht wieder her und halte die Freunde des Gemahls auch für die deinen! Nimm die Gaben an und bitte deinen Vater, den Kindern mir zuliebe die Verbannung zu ersparen!“

Als sie nun den Schmuck sah, konnte sie nicht widerstehen und sagte ihrem Gatten alles zu. Und noch war der Vater mit den Kindern kaum ein Stück vom Haus entfernt, nahm sie die bunten Gewänder, legte sie an, drückte den goldenen Kranz auf ihre Locken und ordnete vor dem blanken Spiegel ihr Haar, indem sie ihrem Spiegelbild zulächelte. Dann stand sie vom Sessel auf, schritt auf ihren schneeweißen Füßen anmutig durchs Zimmer, und im Übermaß der Freude über das Geschenk sah sie immer wieder nach ihren angehobenen Fersen. Doch was dann kam, war ein fürchterliches Schauspiel. Sie wechselt die Farbe, taumelt, an allen Gliedern zitternd, zurück und kann eben noch in den Sessel fallen, ehe sie zu Boden stürzt. Eine alte Dienerin, die glauben mochte, die Raserei des Pan[1] oder eines anderen Gottes habe sie befallen, jubelte auf, bis sie sah, wie ihr weißer Schaum vor den Mund trat, wie sie die Augen verdrehte und alles Blut zurückwich. Da stieß sie einen anders klingenden Gebetsruf aus, ein lautes Wehgeheul. Sogleich stürzte eine Dienerin ins Gemach des Vaters, eine andere zum Bräutigam, um das

[1] Anspielung auf den buchstäblichen „panischen Schrecken“, der durch den Hirtengott Pan hervorgerufen wird. Diesem Gott der Hirten und der Natur, der mit halb tierischem und halb menschlichem Kopf, menschlichem Oberkörper und dem Unterkörper eines Widders oder Ziegenbocks dargestellt wird, ist der Sage nach seine Mittagsruhe so heilig, dass er bei einer Störung ungehalten wird. Er versetzt dann durch sein plötzliches Erscheinen während der Mittagsstille ganze Tierherden derart in „Panik“, dass diese in Massen fliehen.

Unglück der Jungfrau zu melden. Das ganze Haus hallte von wildem Hin- und Widerlaufen.
Schon hätte ein rüstiger Geher, rasch ausschreitend, das Ende einer Strecke von sechs Plethren[1] erreicht, als die Arme, die bisher stumm mit geschlossenen Augen dalag, mit einem grässlichen Schrei auffuhr – stürmte doch zweifacher Schmerz auf sie ein. Der goldene Kranz nämlich, der um ihr Haupt lag, sprühte einen entsetzlichen Strom alles verzehrenden Feuers aus. Und das duftige Kleid, das Geschenk deiner Kinder, zerfraß den zarten Leib der Unglücklichen. In Flammen gehüllt fährt sie vom Sessel auf, will fliehen und wirft Haupt und Haar hin und her, um das Gebinde wegzuschleudern. Doch das goldene Band saß fest, hielt die Flechten zusammen, und wenn sie ihr Haar schüttelte, loderte das Feuer nur noch stärker auf. Sie stürzt zu Boden, besiegt vom Schmerz und selbst dem Vater kaum noch kenntlich. Die Augen und das schöne Antlitz waren ganz entstellt, Blut mit Feuer vermischt tropfte vom Scheitel herab, das Fleisch schmolz unter den unsichtbaren Bissen des Giftes von den Knochen wie Fichtenharz; es war ein schrecklicher Anblick. Und keiner wagte es, den Leichnam zu berühren, denn ihr Schicksal hatte uns gewarnt.
Nur der arme Vater, der jäh ins Gemach gelaufen kam, wirft sich nichts ahnend auf die Leiche. Sogleich bricht er in Jammerrufe aus, umschlingt den Körper, küsst ihn mit den Worten: „O unseliges Kind! Welcher Gott hat dich so schändlich gemordet? Wer entriss dich dem alten Mann am Rand des Grabes? Weh mir, Kind, könnt' ich doch mit dir sterben!" Als er nach solchem Klagen und Jammern den greisen Leib aufrichten wollte, hing er an dem dünnen Gewand fest wie Efeu an den Lorbeerzweigen. Es war ein schreckliches Ringen. Er wollte seine Knie erheben, sie aber hielt ihn fest, und zog er mit Gewalt, riss er sich das welke Fleisch von den Knochen. Endlich erlosch die Kraft, der Arme starb, von

[1] altgriechisches Längenmaß: 1 Plethron entspricht 100 Fuß (1 Fuß = ca. 30 cm)

Qualen überwältigt. Tot liegen nun vereint die Tochter und der greise Vater, ein Unglück, das zu Tränen rührt. Von deinem Schicksal will ich nicht sprechen. Du wirst dem Strafgericht selbst zu entgehen wissen. Doch nicht erst heute erscheint mir das Menschenleben wie ein Schatten, und ohne Zögern sage ich, dass Leute, die für klug gelten und den großen Denker spielen, den Vorwurf größter Torheit verdienen. Denn kein Sterblicher war je glücklich. Selbst wenn Reichtum herbeiströmt, ist der eine vielleicht beglückter als der andere, glücklich ist er nicht.

Chor. Es scheint, dass das Schicksal an diesem Tag mit Recht viel Leid über Jason verhängt. O arme Tochter Kreons, die du wegen der Heirat mit ihm ins Haus des Todes eingingst, wie erbarmt uns dein Unglück!

Medea. Ihr lieben Frauen! Ich bin entschlossen, meine Söhne möglichst schnell zu töten und dann aus diesem Lande fortzueilen, um nicht durch Zaudern meine Kinder einer fremden, feindseligen Hand zum Mord zu überlassen. Sterben müssen sie, da bleibt kein Ausweg, und da es sein muss, töte ich sie selbst, die sie gebar. Wohlan! Wappne dich, mein Herz! Was zauderst du, das Schreckliche zu vollbringen, da du es ja musst? Auf, arme Hand, pack das Schwert, pack es, auf zum traurigsten Kampf deines Lebens! Sei nicht feig und vergiss, dass sie deine Kinder, dein Liebstes sind und du sie gebarst. Vergiss für diesen kurzen Tag die Kinder und beweine sie später! Denn, musst du sie auch töten, sind sie dir doch lieb – o ich unglückseliges Weib!

5. Standlied (Stasimon)

Chor. O Erde und du, alles erleuchtender Strahl des Helios, blickt her auf das unselige Weib, bevor es die Mörderhand an die Kinder legt und das eigene Fleisch und Blut tötet. Denn aus deinem goldenen Samen ist sie entsprossen, und nun droht Gefahr, dass Götterblut durch Menschenhand vergossen wird. Auf, himmlisches Licht, lähme sie, hemme sie, nimm sie weg aus dem Haus, die Arme, die Flüche zum mörderischen Rachegeist machen. Umsonst die Wehen der Geburt, umsonst gebarst du liebe Kinder, nachdem du das ungastliche schwarze Felsentor der Symplegaden durchfuhrst. Unselige, warum befällt dich schwerer Herzensgroll? Warum ein wütender Mord nach dem anderen? Ich weiß es: Das Blut ermordeter Angehöriger rinnt durch göttliche Fügung den Menschen zu schwerem Leid für das Haus zur Erde.

Die Kinder. Weh! Weh!

Chor. Hörst du die Schreie der Kinder, hörst du sie? O elendes, unseliges Weib!

Ein Kind. Weh mir! Was soll ich tun? Wohin fliehe ich vor den Händen der Mutter?

Ein Kind. Ich weiß es nicht, liebster Bruder, wir sind verloren.

Chor. Soll ich hineingehen? Ich will die Kinder vor dem Mord retten.

Die Kinder. Ja, bei den Göttern, helft! Es ist höchste Not! Wir sind schon nah am Netz des Todes.

Chor. Du Elende! So bist du wirklich von Stein oder Eisen, dass du die Kindersaat, die du geboren, mit eigener Hand ermordest? Nur von einer, von einer der Frauen der Vorzeit hörte ich, dass sie Hand an die eigenen Kinder legte; es war Ino[1], rasend geworden durch göttliche Fügung, als die Gattin des Zeus sie zu irrem Lauf aus dem Haus trieb. Die Arme stürzte in die Meerflut wegen des ruchlosen Kindermords; sie sprang von

---

[1] Der Mythos der Ino wurde ebenfalls von Euripides in einer heute nicht mehr erhaltenen Tragödie bearbeitet. In seiner Version ist Ino eine Frau und zweifache Mutter, die – nachdem ihr Mann sie für tot gehalten und erneut geheiratet hat – mit der zweiten Frau, deren beiden Kindern und dem Gatten in einem Haus zusammenlebt. Diese hasst die Kinder der Ino so sehr, dass sie sie töten will. Ino jedoch erfährt davon und vertauscht die Gewänder der insgesamt vier Kinder, sodass die Mutter ihre eigenen Kinder tötet und aus Verzweiflung Selbstmord begeht. Ino und ihre Kinder kommen in der Folge weiterer tragischer Verstrickungen ebenfalls ums Leben.

der Meeresküste und fand mit beiden Kindern Tod und Untergang. Was kann es noch Schrecklicheres geben? O leidvolle Ehe der Frauen, welches Unheil hast du schon über die Menschen gebracht!

Auszug (Exodos)

Jason. Ihr Frauen, die ihr hier so nahe beim Palast steht, ist vielleicht Medea, die so Schreckliches beging, noch im Hause oder ist sie entflohen? Denn wahrlich, sie muss sich in der Erde bergen oder ihren Leib beflügeln und zum hohen Äther[1] heben, wenn sie nicht der Rache des Königshauses verfallen will. Glaubt sie denn, sie könne nach dem Mord am Landesherrn straflos aus diesem Hause fliehen? Doch geht es mir weniger um sie als um die Kinder; ihr nämlich werden jene Schlimmes antun, denen sie selbst so Schlimmes tat. Ich kam nur, um das Leben meiner Kinder zu retten, damit nicht die Verwandten ihnen etwas antun, aus Rache für den frevlen Mord der Mutter.

Chor. O armer Jason, du kennst die volle Größe deines Leids noch nicht, sonst sprächest du nicht so.

Jason. Was ist? Will sie vielleicht auch mich töten?

Chor. Die Kinder starben von der Mutter Hand.

Jason. Weh mir! Was sagst du? Weib, du vernichtest mich!

Chor. Du musst begreifen: Deine Kinder sind nicht mehr.

Jason. Wo hat sie sie getötet? Drinnen oder vor dem Haus?

Chor. Öffne nur die Tür! Dann siehst du die Leichen deiner Knaben.

Jason. Ihr Diener, brecht sofort das Schloss auf! Reißt die Pflöcke heraus, damit ich mein Doppelleid, die Ermordeten, sehe und an ihr Rache nehme!

Medea. Was lässt du am Tor rütteln und es aufhebeln, um die Leichen zu suchen und mich, die Mörderin? Spar deine

---

1 Der Äther ist die Personifikation des „oberen Himmels" in der griechischen Mythologie.

Mühe! Suchst du aber mich, sag, was du von mir willst! Mit deiner Hand aber wirst du mich nie berühren, denn diesen guten Wagen gab mir Helios, der Vater meines Vaters, zum Schutz vor der Hand meiner Feinde.

Jason. Du Scheusal! Weib, den Göttern, mir und allen Menschen am allerverhasstesten! Du brachtest es über dich, das Schwert in deine Kinder zu stoßen, du, die eigene Mutter! Du hast mich kinderlos gemacht, vernichtet. Und nach solcher Tat, so furchtbarem Frevel, wagst du noch Sonne und Erde anzublicken? Fahr zur Hölle! Jetzt erst erkenn' ich, was ich damals nicht erkannt, als ich dich aus barbarischem Haus und Land als großes Unheil in ein hellenisches Haus führte. Verräterin am eigenen Vater und am Vaterland! Den Fluch, der auf dir ruhte, schickten Götter mir aufs Haupt. Denn deinen Bruder hast du noch am väterlichen Herd geschlachtet, als du das Schiff Argo mit seinem schönen Bug bestiegst. Mit solchen Taten fingst du an, und nachdem du meine Frau wurdest und mir Kinder gebarst, hast du sie nun wegen Bett und Lager getötet; es gibt keine hellenische Frau, die das je gewagt hätte – und ihnen zog ich die Ehe mit dir vor, den Bund voll Hass und Untergang, die du kein Weib bist, sondern eine Löwin, wilder noch als die tyrrhenische Skylla[1]. Doch dir kann ich selbst mit tausend Schmähungen nicht wehtun, so große Frechheit ist dir eingeboren. Fort mir dir, Schandweib, ruchlose Kindermörderin! Mir aber bleibt nichts übrig als der Jammer über mein Geschick, kann ich doch weder meiner Neuvermählten froh werden noch meine Kinder, die ich zeugte und aufzog, je wieder lebend anreden. Es ist vorbei, sie sind dahin.

---

[1] Die Skylla ist ein Meeresungeheuer aus der griechischen Mythologie. Der Legende nach besaß sie einen Frauenoberkörper und einen Unterleib, der aus sechs Hunden bestand. Sie lebte neben einem anderen Meeresungeheuer, der Charybdis, und tötete jeden Seefahrer, der sich ihr unvorsichtig näherte. Geografisch bezeichnen Skylla und Charybdis die Meerenge von Messina zwischen dem italienischen Festland und Sizilien. Die Thyrrhener waren ein gefürchtetes Seefahrervolk, das zeitweise im heutigen Mittelitalien beheimatet war.

Medea. Ich hielte deinen Reden viel entgegen, wüsste nicht Vater Zeus, wie viel ich für dich tat und was dagegen du mir tatest. Du durftest nicht als Ehebrecher angenehm leben und mich verlachen, du nicht und nicht die Königstochter; auch Kreon, der dir seine Tochter gab, durfte mich nicht straflos aus dem Lande stoßen. So nenne mich Löwin, wenn es dir behagt, oder Skylla, die im Tyrrhenerlande haust. Ich traf dich doch mitten ins Herz, wie es sich gebührt.

Jason. Doch auch du trauerst, trägst ein Teil des Leids!

Medea. Gewiss! Doch tut der Schmerz mir wohl, wenn nur du nicht lachst.

Jason. O Kinder! Welch schlimmes Weib war eure Mutter!

Medea. O Kinder! Welch schlimmer Mann war euer Vater, schuld an eurem Tod!

Jason. Doch war es meine Hand nicht, die sie mordete.

Medea. Doch war es deine Willkür und die neue Heirat.

Jason. Und du maßest dir an, sie aus Eifersucht zu töten?

Medea. Glaubst du, das sei ein kleines Leid für eine Frau?

Jason. Ja, wenn sie klug ist. Doch du bist von Grund auf schlecht.

Medea. Die Kinder sind nicht mehr. Das wird dir wehe tun.

Jason. Sie sind, o weh mir, Rachegeister für dein Haupt.

Medea. Die Götter wissen, wer mit Kränkungen begann.

Jason. Sie wissen sicher, dass dein Sinn abscheulich ist.

Medea. Hasse mich nur! Doch hasse ich dein widerliches Geschwätz.

Jason. Und wahrlich ich das deine. So fällt uns die Trennung leicht.

Medea. Was sonst? Was soll ich tun? Auch ich will von dir fort.

Jason. Lass mir die Leichen, um sie zu bestatten, zu beweinen.

Medea. Nein, nie! Ich will sie mit eigener Hand bestatten und in den heiligen Hain der Burggöttin Hera[1] bringen, damit kein Feind ihr Grab aufwühlen und sie schänden kann. Dem Land

---

1 Auf einem Vorgebirge, ca. 10 Kilometer von Athen entfernt, stand ein Tempel der Göttin Hera, die als Gattin und gleichzeitig Schwester von Zeus verehrt wurde und zu den olympischen Göttern gehörte.

des Sisyphos aber will ich ein heiliges Fest und Weihen für alle Zeit einrichten, zur Sühne für diesen grässlichen Mord.[1] Ich selbst gehe ins Land des Erechtheus[2], um bei Aigeus zu wohnen, Pandions Sohn. Du aber wirst, wie billig, als Böser auch ein böses Ende nehmen; ein Stück der Argo wird dein Haupt zerschmettern[3], nachdem du unsere Ehe bitter scheitern sahst.

Jason. Und dich sollen der Rachegeist der Knaben und die Mordrächerin Dike[4] vernichten!

Medea. Welcher Gott oder Geist hört auf dich, der meineidig seine Gastfreundin betrog?

Jason. Weh, wehe! Scheusal und Kindermörderin!

Medea. Geh heim und begrabe deine Frau!

Jason. Ich gehe, beraubt meiner beiden Kinder.

Medea. Noch weinst du nicht! Wart' erst das Alter ab!

Jason. O liebste Kinder!

Medea. Lieb der Mutter, doch nicht dir!

Jason. Und doch erschlugst du sie?

Medea. Ja, um dir wehzutun.

Jason. O weh, ich Armer sehne mich, den lieben Mund der Kinder zu küssen.

Medea. Jetzt sprichst du sie an, nun liebst du sie. Doch vorher hast du sie verstoßen!

Jason. Bei den Göttern! Lass mich der Kinder zarte Haut berühren!

Medea. Niemals! Dein Wort ist in den Wind gesprochen.

---

[1] Medea spielt hier auf einen Kult im Heratempel an, der mit ihren beiden getöteten Kindern in Verbindung gebracht wird. Als Sühne für deren Tod bestand noch bis zur Eroberung und Zerstörung von Korinth 146 v. Chr. der Brauch, dass sieben Knaben und sieben Mädchen aus vornehmen Familien in Erinnerung an Medeas Kinder der Hera geweiht wurden und ein Jahr in ihrem Tempel dienen mussten.

[2] Gemeint ist Athen.

[3] Von Jason heißt es, dass er von den Trümmern des zusammenbrechenden Argo-Schiffes erschlagen wurde, als er in der Mittagshitze im Schatten seines Schiffes schlief.

[4] Göttin der Gerechtigkeit

Jason. Hörst du, Zeus, wie sie mich fortstößt, was ich dulde von dieser abscheulichen, kindermordenden Löwin? Soweit ich es aber vermag und es kann, beklage ich dieses Unheil, flehe die Götter an und rufe die Dämonen[1] zu Zeugen, dass du mir die Kinder gemordet und mir verwehrst, ihre Hand zu berühren und die Toten zu bestatten. Hätte ich sie doch nie gezeugt und nie von dir ermordet gesehen!

Chor. Über vieles waltet Zeus im Olymp; vieles vollenden die Götter anders, als man erwartet. Was man hoffte, vollendet sich nicht, doch für niemals Gedachtes fand Gott einen Weg. So waltet auch diesmal das Schicksal.

---

1 Geister der Verstorbenen, Schicksalsmächte

Anhang

1. Medea – Eine Gestalt aus dem Mythos

Bei der Frauengestalt Medea handelt es sich um eine nur schwer zu fassende, gleichermaßen aber auch faszinierende Person aus dem Bereich des Mythos. Bevor jemand wie der griechische Dichter Euripides etwas Schriftliches über sie vorgelegt und ihrer Geschichte damit eine bestimmte Form gegeben hat, existierten bereits viele – größtenteils mündliche, teilweise aber auch verschriftlichte – Zeugnisse über die im wahrsten Sinn des Wortes „sagenumwobene" Königstochter und Enkelin eines Gottes. Um nachvollziehen zu können, wie der Dichter Euripides ihr Bild auf der Bühne darstellt und interpretiert, ist es zunächst wichtig, die Vorgeschichte der Dramenhandlung zu kennen. Daneben wird durch den Vergleich des Medea-Bildes von Euripides mit dem Bild, welches sich in früheren Überlieferungen zeigt, der besondere Akzent, den der Dichter seiner Figur gibt, noch deutlicher.

Medea und Jason – Zur Vorgeschichte der Dramenhandlung

Die Dramenhandlung von „Medea" des Euripides setzt zu einem Zeitpunkt ein, als die beiden Hauptfiguren Medea und Jason schon eine längere Zeit in Korinth leben und sich voneinander entfremdet haben. Wie sie sich kennenlernten und was schließlich dazu führte, dass ihre Ehe scheiterte, deutet Euripides lediglich an einigen Stellen, besonders im Prolog der Amme, an, um die Voraussetzung dafür zu schaffen, dass sein Publikum das Stück einordnen und verstehen kann.

Da er dabei auf den Mythos von Medea zurückgreift, der dem antiken Publikum geläufig war, für heutige Zuschauer jedoch fremd sein mag, ist es wichtig, einige Aspekte aus der Vorgeschichte zu klären.

Die Hauptfigur Medea stammt aus einem göttlich-königlichen Geschlecht. Dass ihr Großvater dem Mythos nach der Sonnengott

Helios war, macht sich nicht nur in ihren Fähigkeiten, sondern auch in ihrem Stolz auf ihre Herkunft bemerkbar. Im Drama des Euripides wird besonders im Motiv des Drachenwagens, mit dem Medea aus Korinth flieht, ihre Abstammung von Helios bemerkbar. Medeas Vater ist König Aietes, der Herrscher über Kolchis. Als Mutter werden im Mythos je nach Version zwei Frauen genannt: Einerseits heißt es, es handele sich um Idyia, die Tochter des Okeanos (dem Ursprung der Götter und der Meere), andere Quellen aber sehen in Hekate, der Göttin der Magie und der Übergänge, die Mutter der zauberkundigen Medea. Medea hat eine Schwester namens Chalkiope und einen jüngeren Bruder namens Absyrtos.

Medea wirft ihren Bruder Absyrtos ins Meer. Gemälde von Herbert James Draper (1904)

Das Königreich Kolchis, das sich an der Ostküste des Schwarzen Meeres befindet, liegt nach antiker Vorstellung weitab von den Herrschaftsbereichen des als „zivilisiert“ und fortschrittlich gedachten Griechenlands. Entsprechend herrschen seitens der Griechen Vorurteile gegenüber dem fremd wirkenden, „barbarischen“ und nur selten bereisten Kolchis. Die beiden Städte – Kolchis und Korinth (die neue griechische Heimat Jasons und Medeas) – können somit auch als kulturelle Gegensätze verstanden werden.

Für einige Griechen ist jedoch die Tatsache interessant, dass sich in Kolchis das sagenumwobene „Goldene Vlies“ befindet. Bei diesem handelt es sich um das Fell eines goldenden Widders namens Chrysomeles, der fliegen und sprechen konnte. Dieser hat in der Vergangenheit den Königssohn Phrixos, der aus Eifersucht der Stiefmutter getötet werden sollte, in das ferne Kolchis in Sicherheit gebracht. Phrixos wurde in Kolchis von Aietes herzlich aufgenommen und der Widder den Göttern zum Opfer gebracht. Das Fell galt seitdem als ein Heiligtum und wurde deshalb von einem schiffsgroßen Drachen bewacht.

Besonders ein Grieche hat es schließlich im Sinn, das Goldene Vlies aus Kolchis zu rauben. Es handelt sich dabei um Jason, den Sohn Aisons, des rechtmäßigen Herrschers von Jolkos in Thessalien. Aison jedoch wurde von seinem Bruder Pelias seines Thrones beraubt, woraufhin sein Sohn Jason seine Kindheit fern der Heimat bei dem Zentauren Cheiron verbrachte. Eines Tages jedoch entschloss er sich zur Rückeroberung seines Anspruches auf den väterlichen Thron und kehrte nach Jolkos zurück. Sein Onkel Pelias, der seinen eigenen Machtanspruch nicht aufgeben wollte, folgte dem Rat eines Orakels, das ihm eine unmöglich zu erfüllende Bedingung für die Übergabe des Thronanspruchs eingegeben hatte: Er versprach Jason den Thron, wenn es ihm gelänge, das Goldene Vlies aus Kolchis zu rauben und in die Heimat zurückzubringen.

Jason nahm die Herausforderung an. Er versammelte Männer um sich und reiste auf einem Schiff namens „Argo“, weshalb die Gruppe auch die „Argonauten“ genannt wurde. In Kolchis angekommen, fordert Jason das Goldene Vlies von Aietes, was ihm dieser jedoch zunächst verweigert. Auch er ersinnt Prüfungen für Jason, die er für unerfüllbar hält. Jason solle die feuerspeienden Stiere mit den ehernen Füßen anspannen und Drachenzähne säen. Weil Jason nicht weiß, dass aus den Zähnen Krieger erwachsen würden, wäre das Wagnis sein Untergang gewesen, wenn er nicht Hilfe bekäme. Medea, die Tochter des Aietes, ist jedoch in Liebe zu dem fremden Griechen entflammt und verwendet all ihr Wissen und ihre Magie dazu, Jason zum Erfolg zu verhelfen. Dazu gibt sie ihm ein schutzbringendes Zaubermittel und verrät ihm das Geheimnis der Drachenzähne. Als Jason die Aufgaben mit Medeas Hilfe bewältigt, weigert sich Aietes jedoch, seinen Teil der Abmachung zu erfüllen und das Vlies herauszugeben. Wieder ist es Medea, die Jason beim Raub des Vlieses hilft, indem sie den wachenden Drachen einschläfert und Jason auf diese Weise ermöglicht, zum Gewünschten vorzudringen und es an sich zu nehmen.

Medea reicht dem Drachen ein Betäubungsmittel, Jason erbeutet das Vlies. Relief von Christian Daniel Rauch, 1818 begonnen, unvollendet

Die beiden fliehen gemeinsam mit den Argonauten, werden jedoch von Aietes Kämpfern verfolgt. Medea, die solches befürchtet hat, setzt das äußerste Mittel ein, um die Verfolger aufzuhalten. Sie wirft die zerstückelten Teile der Leiche ihres Bruders, den sie zuvor ermordet hat, in der Gewissheit ins Meer, dass ihr Vater seinen Sohn bestatten will und darum von einer weiteren Verfolgung absehen wird. Medea zerschneidet mit dieser grausamen Tat endgültig die Bindung an die Familie und die Heimat und knüpft ihr Schicksal eng an das des geliebten Mannes Jason. Die Argonauten erreichen anschließend ungehindert Jolkos, seine Heimat.

Medea mit zwei Töchtern des Pelias. Antikensammlung, Berlin

Dort jedoch erwartet Jason ein Schicksalsschlag. Er erfährt, dass sein Onkel Pelias seinen Vater Aison durch die Lüge, die Argo sei untergegangen und Jason tot, in den Selbstmord getrieben hat. Auch verweigert Pelias Jason die Herrschaft, obwohl dieser die Bedingung – die Rückeroberung des Goldenen Vlieses – erfüllt hat. Medea wird vom Zorn über die Geschehnisse gepackt und ersinnt einen Racheplan. Ihren Ruf als Zauberkundige, die sogar dem Alter trotzen und nach ihrem Belieben Menschen verjüngen kann, nutzt sie zur Durchführung einer List. Sie redet den Töchtern des Pelias ein, sie könnten ihren Vater verjüngen helfen, indem sie ihn ermorden, zerstückeln und kochen. Zum Beweis ihrer Zauberkräfte zerstückelt sie einen Widder, wirft die Teile in einen Kessel und kocht diesen auf, woraufhin ein Lamm lebendig daraus hervorspringt. Die Töchter des Pelias werden dadurch, dass sie Medea Vertrauen schenken, zu Mörderinnen an ihrem eigenen Vater.

Akastos, der Sohn des Pelias, übernimmt in der Folge die Herrschaft in Korinth, während Jason und Medea abermals fliehen. Sie gehen nach Korinth, wo König Kreon herrscht. Dieser hat eine Tochter, die – je nach Textzeugnis – entweder Kreusa oder Glauke heißt. Jason heiratet mit Einverständnis ihres Vaters die Königstochter, wodurch er Aussichten darauf hat, einmal König von Korinth zu werden. Hier setzt die Dramenhandlung ein: Medea erfährt von der Heirat und empfindet tiefen Schmerz darüber.

Variationen des Medea-Mythos – Zur Stoffgeschichte

Euripides' Umgang mit dem Mythos

Euripides greift bei der Abfassung seines Dramas auf den Mythos von Medea sowie auf die eng damit verzahnte Argonautensage zurück. Das bedeutet, dass er keine ganz neue Geschichte erfindet, sondern mit Medea eine Gestalt in den Mittelpunkt rückt, die seinen Zuschauern bekannt ist und über die Grundzüge ihres Wesens und ihres Lebensweges überliefert sind. Dennoch agiert Euripides als Dichter in der Rolle des Stoffgestalters, der einen bereits der Vergangenheit angehörenden „alten“ Mythos mit Blick auf die eigene Zeit und die intendierte Aussageabsicht hin aktualisiert. Mythen eignen sich für ein solches Vorgehen schon deshalb in besonderer Weise, weil sie offene Deutungssysteme darstellen, die immer neu dazu auffordern, ihnen neue Sinnkonstellationen abzugewinnen.

Der Sinn, den Euripides dem Mythos von Medea gibt, entsteht demnach durch die Arbeit an ihm. So muss er angesichts dessen, was ihm bereits an Informationen vorliegt, Entscheidungen dahingehend treffen, welche der verschiedenen, zum Teil sogar widersprüchlichen Aussagen über Medea, Jason und ihre Geschichte er in seiner Version aufgreift. Weiter gibt er im Wechselspiel der

Sprechakte Monolog und Dialog den Figuren einen unverwechselbaren Charakter und geht dadurch, dass er ihnen nicht überlieferte Worte in den Mund legt, über das bereits Vorhandene hinaus. Die Arbeit des Dramatikers, der eine mythische Figur zur Grundlage seines Stückes für ein gegenwärtiges Publikum macht, ist demnach die der Vermittlung zwischen der mythischen Vorzeit und der Gegenwart, die bewirken soll, dass die Geschichte aus der Vergangenheit ein Deutungsangebot für die Gegenwart mit ihren Grundfragen und Problemen bereithält.

Um den besonderen Akzenten der euripideischen Fassung, die nach Meinung des Interpreten Christian Mueller-Goldingen[1] den „Fall" Medea unter einer moralischen, sozialkritischen und aufklärerischen Perspektive beleuchtet, auf die Spur zu kommen, lohnt es sich, den überlieferten Grundbestand des „Mythos Medea" kurz darzustellen.

Übersicht über verschiedene Überlieferungsstränge des Medea-Mythos

In den ältesten bekannten Fassungen ist Medea, deren Name „die guten Rat Wissende" bedeutet, als Königstochter von göttlicher Abstammung ebenso wie Jason – der Held aus der Argonautensage – noch eine positiv bewertete Figur. Zu den Grundbestandteilen des Mythos gehören die Aussagen, dass Medea Jason bei seinem Versuch der Eroberung des Goldenen Vlieses kennengelernt hat und anschließend mit ihm zunächst in dessen Heimatstadt Jolkos und später nach Korinth gegangen ist. Dabei wird weiterhin in den ältesten Quellen die Rolle Medeas als Helferin bei der Bewältigung der Aufgaben Jasons betont: Jasons heldische Tapferkeit und Medeas Zauberkraft wirken zusammen und führen dazu, dass das, was unmöglich scheint, gelingt. Die beiden heiraten zudem, werden Eltern und erfreuen sich an ihren Kindern. Das Motiv der Rache fehlt in den ältesten Quellen ebenso wie die Spur der Morde, die Medea in späteren Quellen hinter sich herzieht.

---

1 Vgl. Mueller-Goldingen, Christian: Studien zum antiken Drama. Zürich, New York 2005, S. 8

Zu dem Medea-Bild im Urmythos gehört weiterhin untrennbar ihre Zauberkraft. In einigen Versionen ist sie als Schwester, in anderen als die Nichte der berühmten Zauberin Kirke, die auf einer Insel die Gefährten des Odysseus in Schweine verwandelt hat, dargestellt. Medeas Zauberkraft zeigt sich unter anderem in ihrer Fähigkeit, Männer zu verjüngen oder ihnen Potenz zu verleihen. Dabei gibt es widersprüchliche Aussagen darüber, ob Jason selbst oder sein Vater Aison in den Genuss einer Verjüngung gekommen ist. Erst später wird das Motiv der Verjüngung durch Zauber abgewandelt und wird nun nicht mehr positiv als Geschenk an geliebte Menschen, sondern negativ als Instrument der Rache an Pelias dargestellt. Auch wenn die Figur des Pelias schon im Urmythos rein negativ gezeichnet ist und somit eine Beseitigung der Figur gleichermaßen plausibel und legitim erscheinen mochte, findet hiermit eine Verschiebung im Medea-Bild hin zu einer „dunklen" Zauberin statt.

Version 1	**Version 2**
Medea als Zauberin mit Kraft, Männer zu verjüngen	Medea als „dunkle", rachsüchtige Zauberin
Pelias stirbt eines natürlichen Todes	Pelias wird auf Geheiß Medeas von den eigenen Töchtern ermordet

Ebenso wie über die Pelias-Episode gibt es auch über den Tod von Medeas Bruder Absyrtos unterschiedliche Versionen, die im Folgenden einander gegenübergestellt werden:

Version 1	**Version 2**
Medea nimmt ihren Bruder, der noch ein Kind ist, mit auf die Argo, um ihn im Falle einer Verfolgung „opfern" zu können. Sie zerstückelt ihn und wirft seine Leichenteile ins Meer.	Absyrtos verfolgt Medea und Jason als erwachsener Mann im Auftrag des Vaters, um das Goldene Vlies und Medea zurückzubringen. Medea lockt Absyrtos – scheinbar zu Verhandlungen bereit – an einen vereinbarten Ort, und Jason erschlägt ihn von hinten.

Wie Medea und Jason in Korinth aufgenommen werden, wird ebenso in verschiedenem Licht dargestellt. Nach einer Quelle kommen beide nicht etwa als Flüchtende nach dem Scheitern von Jasons Plänen in Jolkos nach Korinth, sondern als neue Herrscher, denen Medeas Vater Aietes die Stadt geschenkt hat. Medea ist demzufolge also keineswegs die Fremde in Korinth, sondern aufgrund ihrer göttlichen Abstammung eine Herrschende bzw. die neue Königin.
Noch bedeutsamer für das Verständnis des euripideischen Medea-Bildes ist jedoch die Frage nach den Ursachen für den Tod der gemeinsamen Kinder des Paares. Euripides besaß hierzu unterschiedliche und widersprüchliche Informationen. So gibt es eine Überlieferung, die besagt, dass es sich bei dem Tod der Kinder um eine Art „Unfall" gehandelt habe. Es heißt, dass Medea die Kinder jeweils nach der Geburt in den Heratempel gebracht und sie dort verborgen habe, um sie mit einem Zauber unsterblich zu machen. Der Zauber allerdings sei fehlgeschlagen, was den Tod der Kinder zur Folge gehabt habe. Weil Jason ihr das nicht verziehen habe, sei die Ehe gescheitert.
Eine noch andere Fassung erzählt von einem Konflikt zwischen der Herrscherin aus der Fremde, Medea, und den korinthischen Frauen. Diese hätten, so heißt es, nicht von einer fremden Zauberin regiert werden wollen und hätten als Zeichen ihres Aufstandes ihre vierzehn (!) Kinder ermordet, obwohl diese am Altar der Hera Zuflucht gesucht hätten. Zur Strafe, so heißt es, habe Hera eine Seuche über die Stadt verhängt, deren Bewohner darauf reagierten, indem sie ein Ritual zur Entsühnung praktiziert hätten: Jedes Jahr seien sieben Knaben und sieben Mädchen in den Hera-Tempel gebracht worden, um dort Dienst zu tun und die Göttin wieder zu versöhnen. Tatsächlich gab es in dem Hera-Tempel einen Kult der Kinder Medeas.
Wieder eine andere Fassung, der zufolge Medea nicht Königin von Korinth, sondern eine Fremde ist, sieht die Schuld für den Tod der Kinder bei Kreons Verwandten. Diese hätten sich für den Mord an Kreon, den nach dieser Version Medea verübt habe, die daraufhin ohne Kinder habe flüchten müssen, rächen wollen. Um die eigene Schuld zu vertuschen, hätten sie das Gerücht verbreitet, Medea habe ihre Kinder selbst umgebracht.

Version 1	**Version 2**	**Version 3**	**Version 4 (Euripides)**
Medea als Königin Korinths; Tod der Kinder ein „Unfall" bei dem Versuch, sie unsterblich zu zaubern	Medea als Königin Korinths; Ermordung der Kinder durch die opponierende Bevölkerung Korinths	Medea als Fremde in Korinth und als Mörderin Kreons; Ermordung der Kinder durch dessen Verwandte	Medea als Fremde und Betrogene; Mörderin ihrer Kinder aus Rache an dem untreuen Jason

In der Folgezeit wird das Bild, wie es Euripides von Medea zeichnet, von entscheidender Bedeutung sein. Durch seine Version wird Medea untrennbar mit dem Mord an ihren und Jasons Kindern behaftet und assoziiert.

Originalbeitrag

2. Theater, Dichter und Tragödien im antiken Griechenland

Das Schauspiel „Medea“ des Euripides hat seinen Sitz im Leben im antiken Griechenland. Um es einordnen und verstehen zu können, bedarf es einer Berücksichtigung der historischen, politischen und persönlichen Umstände, in denen das Stück entstanden ist. Die nachfolgenden Textzeugnisse ermöglichen einen Einblick sowohl in die Geschichte des antiken Theaters als auch in die Biografie des Autors Euripides.

Silvio Vietta: Griechisches Drama

Seit 534 v. Chr. fanden in Athen Aufführungen von Tragödien im Rahmen der Großen Dionysien statt. Dies waren Festtage im Frühjahr, die bedeutendsten der Polis Athen[1], an denen auch Repräsentanten der Bündnispartner Athens zugegen waren und die Stadt

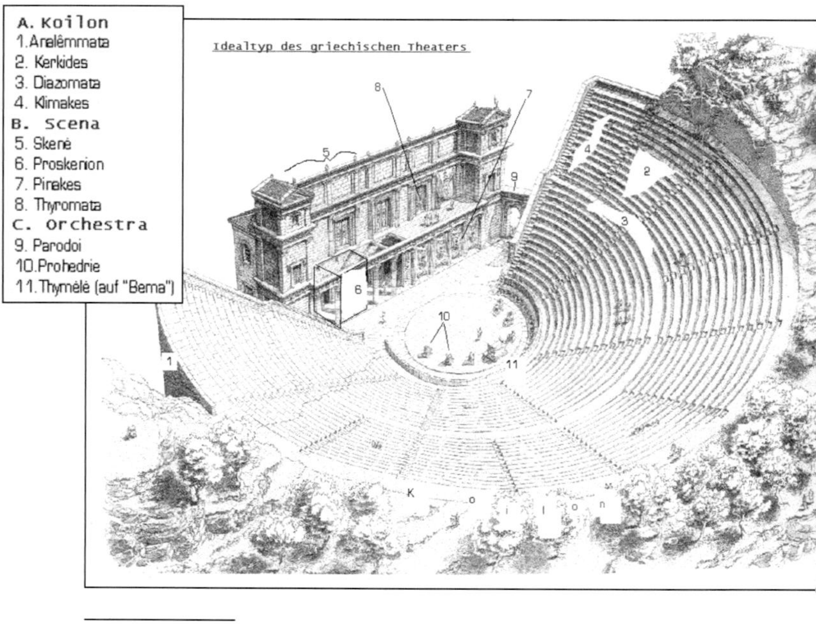

1 Stadtstaat Athen

sich politisch wie kulturell zur Schau stellte. Am ersten Tag dieses repräsentativen Festes wurden zwanzig Dithyramben (Festgesänge) zu Ehren des Gottes Dionysos aufgeführt. Ihnen folgte am zweiten Tag die Darstellung der Komödien. Die letzten drei Festtage waren den Tragödien gewidmet, wobei jeweils ein Tragiker vier Stücke zur Aufführung brachte: drei Tragödien und ein Satyrspiel[1]. Der Begriff „tragodia“ (Bocksgesang) erinnert an diesen kultischen Ursprung. Das Ganze hatte den Charakter eines Wettkampfes (agon). Gewählte Schiedsrichter prämierten das jeweils beste Stück der drei Genres. Dabei wurde nicht der Dichter, sondern der Chor als Sieger ausgerufen. Der Ablauf und die Organisation des Festes waren geregelt durch die Polis Athen. Ein Staatsbeamter [...] verlieh jeweils fünf Komödien- und drei Tragödiendichtern einen Chor von je fünfzehn Choreuten und erteilte damit das Aufführungsrecht. Die Finanzierung der Aufführungen übernahmen zuweilen auch reiche athenische Bürger.

Die drei großen Tragödiendichter der griechischen Polis Athen waren Aischylos (525/4–456 v. Chr.), Sophokles (497/6–406 v. Chr.) und Euripides (485–406 v. Chr.). Die Tragödie „Die Perser“ von Aischylos (472 v. Chr.) ist die älteste erhaltene griechische Tragödie. Zunächst wurden die großen Tragödien der Schriftsteller nur einmal aufgeführt. Erst nach dem Tode des Aischylos wurden dessen Tragödien erneut auf die Bühne gebracht. Insbesondere im Peloponnesischen Krieg, als Athen bereits im Niedergang war, erinnerten die Tragödien dieses Dichters an die große Phase der athenischen Kulturgeschichte. Nach 386 v. Chr. wurden Tragödien generell zur Wiederaufführung freigegeben. Euripides wurde zum beliebtesten Tragödiendichter des 4. Jahrhunderts. [...]

Der typische Aufbau der attischen Tragödie ergibt sich aus dem Wechselspiel zwischen Chor- und Schauspielerpartien. Ursprünglich wurden Chorpartien gesungen, die Schauspielertexte gesprochen. Euripides lässt auch einzelne Schauspielerpartien zum Teil mit artistischem Stimmeinsatz singen (Monodien und auch Duette). Die Aufführung hat also auch den Charakter eines Singspiels. Aischylos konfrontiert zwei Schauspieler mit dem Chor, Sophokles

[1] heiteres, befreiendes Nachspiel, das den drei Tragödien folgte

führt einen dritten ein, Euripides einen weiteren. In seiner Poetik hat Aristoteles diesen Entwicklungsgang des griechischen Theaters beschrieben: Die Zahl der Schauspieler hat zuerst Aischylos von einem auf zwei erhöht; zugleich hat er den Chor zurücktreten lassen und die gesprochene Rede zum Träger der Handlung gemacht. Sophokles hat drei Schauspieler und die Bühnenmalerei eingeführt. [...] Aristoteles definiert die Tragödie als „Nachahmung einer edlen und abgeschlossenen Handlung von einer bestimmten Größe in gewählter Rede", die mithilfe von „Mitleid und Furcht", bzw. „Jammer und Schauder", wie das griechische „phobos kai eleos" auch übersetzt wurde, eine Reinigung der Affekte bewerkstelligen solle. Nach Aristoteles gilt: „Ursprung und gewissermaßen Seele der Tragödie ist also der Mythos", wobei er den Mythos eng als „Nachahmung von Handlung" definiert. Der Mythos zielt nach Aristoteles auf die Handlungseinheit, die „Zusammensetzung der Handlungen", aber gibt diese in gewissem Sinne auch schon vor. Denn Aristoteles gibt den Mythen den Vorrang, die ihre Dialogstränge zu einer Einheit bündeln auf der stofflichen Basis älterer Mythen. „Die überlieferten Mythen soll man nicht antasten; ich meine etwa, dass Klytaimestra durch Orestes getötet wird [...]". Wiederum soll die Dichtung nicht einfach schildern, was geschehen ist, sondern „was geschehen könnte". Gleichwohl ist für die antike Dichtungsauffassung – bei aller ordnenden und gestaltenden Eigenleistung des Dichters – noch die Gebundenheit der Tragödie an den Stoff wichtig, der selbst keine Erfindung des Dichters ist. In der aristotelischen Definition wird die ursprüngliche Fundierung des griechischen Dramas im Mythos in Erinnerung gehalten. Neue mediengeschichtliche Forschungen betonen daher zu Recht die Funktion der Entmythisierung des Mythos durch das griechische Drama und in ihm.

„Entmythisierend" wirkt bereits deren Verschriftlichung. „Als Stoff einer schriftlich entworfenen Tragödie verliert der Mythos seine [...] Macht und wird, einer Analyse unterworfen, zur Fabel, die im Unterschied zur Geschichtsschreibung den Status der Fiktion besitzt." (von Herrmann: Das Theater der Polis, S. 28) Ähnlich sieht dies Hans-Thies Lehmann: „Der Mythos ist der Tragödie inhärent, aber zugleich dreifach fremd: als Stoff aus einer anderen Epoche, als Produkt einer nicht mehr unangefochtenen Denkweise und gegeben in einer Form, der epischen vor allem, gegen die sich der neue Diskurs des tragischen Theaters abhebt." (Lehmann: Theater und Mythos, S. 15) Insofern impliziert der Logos des Dramas – dessen sprachliche Organisation und Fixierung – bereits dessen Entmythisierung. [...]

Nun ist es sicher richtig, diese entmythisierende Funktion der Medien zu unterstreichen. Auf der anderen Seite bleibt wichtig, dass im griechischen Drama und Theater immer noch der Mythos und die Auseinandersetzung mit ihm dominant sind. [...] Die religiöse Dimension des Mythos war [...] für die Zuschauer des griechischen Theaters noch präsent. [Der] theatralische Logos[1] greif[t] daher auf mythische Formen zurück.

Aus: Silvio Vietta: Europäische Kulturgeschichte. Eine Einführung. Paderborn 2007

Mythos – Eine Begriffsklärung

Das griechische Wort μῦθος *mythos* bedeutet ursprünglich allgemein „Wort/Rede/Geschichte/Erzählung/Sage" und kann in dieser Bedeutung synonym zu „Epos" verwendet werden. Dem entspricht weithin das lateinische Wort *„fabula"*. Obwohl das Wort λόγος *logos* primär auch „Wort/Rede" bedeutet, entwickelt sich in der griechischen Antike seit *Plato* ein Gegensatz von „Mythos" als einer traditionellen, nicht rational fassbaren und nicht beglaubigten, anschaulich-bildhaften und so auch reizvollen Erzählung von Göttern und Heroen bzw. numinosen Wesen gegenüber dem „Logos" als der glaubhaften Erzählung, der rationalen Rede, dem begrifflichen Sinn oder dem vernünftigen („logischen") Argument.

„Ursprüngliche Mythen" sind primär mündliche Erzählungen vom Ursprung der Welt, der Götter, Heroen, Zwischenwesen, aber auch vom Ursprung der Menschen, von Pflanzen und Tieren. Als Erzählungen von einer anfänglichen Geschichte, die grundsätzlich vor der Überprüfbarkeit und vor der Verschriftlichung liegt, vergegenwärtigen sie zugleich das Vergangene in der Imagination. Darin liegt „die

[1] Vgl. zum Begriff des „Logos" den nachfolgenden Lexikonartikel „Mythos – Eine Begriffsklärung".

magische, belehrende, bewegende und das Leben mitgestaltende Kraft des Mythos" für den Einzelnen wie im kollektiven Leben. Mythen können außer in mündlichen und (dann auch) schriftlichen Erzählungen auch in Malerei und Plastik bildlich geformt oder in Riten und Kult ritualisiert-mimetisch dargestellt werden.

Als *„traditionelle Erzählungen"* reden Mythen von Vergangenem in grenzüberschreitender Weise, von einer Zeit jenseits der gegenwärtigen Wirklichkeit. Sie beschreiben überindividuelle, kollektiv bedeutsame Wirklichkeit und verstehen sich als das wahre, Wirklichkeit stiftende Wort. Als *„angewandte Erzählungen"* dienen sie den Interessen ihrer Trägergruppen, der Legitimierung, Begründung, Belehrung, Unterhaltung, der wirkkräftigen Begleitung rituell-kultischer Vorgänge wie ferner auch der religiösen und politischen Propaganda. Der ursprüngliche *mündliche* Mythos fungiert vorab als ein magisches Ritual.

„Mythos". Lexikoneintrag von Hubert Irsigler. URL: http://www.bibelwissenschaft.de/wibilex/das-bibellexikon/lexikon/sachwort/anzeigen/details/mythos/ch/4654d35d24439e20e7b122a1b7a2ef2f/, Abruf: 29.8.2015

Aristoteles: Über Tragödie und Komödie (ca. 330 v. Chr.)

Büste des Aristoteles

Da uns nun der Nachahmungstrieb und der Sinn für Harmonie und Rhythmus – denn die Versmaße sind offenbar nur Auswirkungen des Rhythmus – angeboren sind, so haben Menschen, die von Haus aus dazu besondere natürliche Begabung hatten, die Dichtkunst hervorgebracht, indem sie sie aus bloßer Improvisation allmählich höher entwickelten. Nun teilte sich aber die Dichtkunst entsprechend den persönlichen Charakteren ihrer Träger in zwei Hauptrichtungen. Denn die ernsteren Dichter brachten edle Taten und die Gestalten solcher Menschen nachahmend zur Darstellung, die leichtfertigen aber die Handlungsweise minderwertiger Menschen, indem sie zuerst Schmähgedichte verfassten, wie andere Hymnen und Loblieder. [...]

Die Komödie ist [...] die nachahmende Darstellung niederer Menschen, ohne dass sie jedoch auf jede Art von Schlechtigkeit einzugehen brauchte, sondern es fällt in ihren Bereich nur das Hässliche und Gemeine, soweit es lächerlich ist. Denn lächerlich ist eine Verfehlung und eine Art von Hässlichkeit und Gemeinheit, die keinen Schmerz verursacht und nichts Verletzendes hat, das aber niemand wehtut. Die Wandlungen der Tragödie und ihre Schöpfer sind ja nun bekannt; dagegen kennt man die Entwicklung der Komödie nicht, weil sie in ihren Anfängen keine ernste Sache war. [...] Über die nachahmende Darstellung des in Hexametern[1] sich bewegenden Epos[2] und über die Komödie wollen wir später reden. Jetzt aber wollen wir über die Tragödie sprechen und aus dem Gesagten den sich ergebenden Begriff ihres Wesens entnehmen. Es ist also die Tragödie die nachahmende Darstellung einer ernsten und in sich abgeschlossenen Handlung, die eine gewisse Größe hat, in kunstvollem Stil, der in den einzelnen Teilen sich deren besonderer Art anpasst, einer Handlung, die nicht bloß erzählt, sondern durch handelnde Personen vor Augen gestellt wird und die durch Mitleid und Furcht[3] erregende Vorgänge die Auslösung (Katharsis) dieser und ähnlicher Gemütsbewegungen bewirkt. [...]

Im weiteren Gang unserer Darlegungen haben wir nun zu sagen, worauf man bei der Komposition einer Fabel[4] abzielen und wovor man sich hüten muss, wenn man der Aufgabe der Tragödie gerecht werden will. Da der Aufbau einer idealen Tragödie nicht einfach sein darf, sondern verflochten sein muss und sie, gemäß der ihr eigenen Darstellungsform, solche Handlung zur Darstellung zu bringen hat, die Mitleid und Furcht erregen, so ist fürs Erste klar, dass darin weder sittlich besonders tüchtige Menschen vorkommen dürfen, die vom Glück ins Unglück stürzen – denn das erregt weder Mitleid noch Furcht, sondern ist einfach entsetzlich –, noch Schurken, die vom Unglück ins Glück kommen; denn das wäre das Alleruntragischste, und ein solches Motiv ließe alles vermissen,

1 antikes Versmaß, bestehend aus sechs Daktylen
2 Verserzählung
3 besser mit „Jammer" und „Schauder" übersetzt
4 hier im Sinne von Handlung, Erzählidee

was man hier braucht: Es würde weder menschliche Teilnahme noch Mitleid und Furcht erwecken. Es dürfen jedoch auch nicht ganz böse Menschen aus dem Glück ins Unglück geraten. Die menschliche Teilnahme würde das ja zwar berühren, aber weder Mitleid noch Furcht erregen; denn jenes gilt einem Menschen, der unverdient ins Unglück kommt, diese bezieht sich auf einen solchen, der mit uns selbst etwa auf gleicher Stufe steht. Also würde ein solcher Vorgang weder Mitleid noch Furcht erregen.
Es bleibt also derjenige Typus übrig, der zwischen diesen Extremen die Mitte hält. Ein solcher ist, wer sich weder durch Tugend und Gerechtigkeit auszeichnet, noch infolge von Schlechtigkeit und Schurkerei ins Unglück gerät, sondern durch irgendeinen Fehltritt. Und zwar werden es Menschen in hoher Stellung und glücklichen äußeren Verhältnissen sein, wie Ödipus[1] und Thyestes[2] und andere hervorragende Männer aus solchen Geschlechtern. [...]
Da nun der Dichter durch seine nachahmende Darstellung denjenigen ästhetischen Genuss bereiten soll, der auf der Grundlage von Mitleid und Furcht erwächst, so ist es klar, dass er die Handlung auf diese Weise hin anlegen muss. Sehen wir nun zu, welcher Art die furchtbaren und welcher Art die Mitleid erregenden Vorgänge sind! Die Leute, zwischen denen sich solcherlei Handlungen abspielen, müssen entweder miteinander befreundet oder verfeindet sein, oder es trifft keines von beiden zu. Bereitet nun ein Feind dem anderen den Untergang, so erregt das keinen Jammer, mag er nun die Tat wirklich ausführen oder bloß beabsichtigen, abgesehen von dem Leiden selbst. Ebenso ist es, wenn keines der beiden Verhältnisse vorliegt. Dagegen muss der Dichter auf solche Fälle ausgehen, in denen Leid schaffende Taten in befreundeten Kreisen vollbracht werden: wenn also z.B. der Bruder den Bruder, oder der Sohn den Vater, oder die Mutter den Sohn, oder der Sohn die Mutter tötet oder töten soll, oder sonst ein Verwandter etwas Derarti-

---

1 Ödipus: Hauptfigur des berühmten Dramas „König Ödipus", der unwissentlich seinen Vater tötet und seine Mutter heiratet

2 Thyestes: in der griechischen Mythologie Sohn des Pelops, König von Mykene, Vater von Pelopia und Aigisthos, der gemeinsam mit seinem Bruder Atreus den Stiefbruder Chrysippos ermordete

ges tut […]. Die Handlung kann nämlich so verlaufen, wie die alten Dichter sie zu führen pflegten: dass die handelnden Personen diejenigen, denen sie ein Leid antun, kennen und also ganz bewusst zu Werke gehen, wie etwa Euripides seine Medea ihre Kinder töten ließ. Sie können es aber auch tun, ohne das Furchtbare zu kennen, das sie anrichten, und erst hinterher ihre nahen Beziehungen zu den Opfern entdecken, wie der Ödipus des Sophokles.

Aus: Aristoteles. Hauptwerke. Ausgew., übers. und eingel. von Wilhelm Nestle. Leipzig 1934, S. 341–359

Gustav Freytag: Die Technik des Dramas (1863)

Der Erste, der eine Theorie des Dramas entwickelte und dabei Grundsätzliches zu dessen Struktur formulierte, war der griechische Philosoph Aristoteles (384–322 v. Chr.) in seiner Schrift „Über die Dichtkunst“. Diese Theorie war nichts anderes als die systematische Zusammenfassung seiner Eindrücke und Beobachtungen

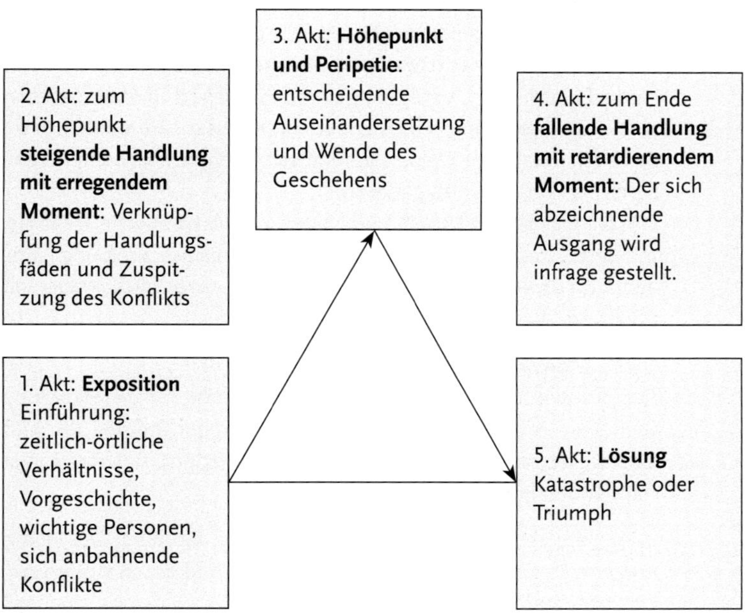

zu den Theaterstücken seiner Zeit. Ein Problem für die Nachwelt war, dass die genannte Poetik des Aristoteles nur in Bruchstücken überliefert ist und dass sie überdies wohl eher Notizen für den Unterricht an seiner Philosophenschule darstellte als eine ausgearbeitete Theorie.

Dennoch galten die erhalten gebliebenen Definitionen und Lehrsätze in der Geschichte des europäischen Theaters lange Zeit als oberster Maßstab. Bis ins 19. Jahrhundert hinein waren die Dichter und Literaturtheoretiker bestrebt, ihre Werke und Poetiken mit der Autorität des Aristoteles zu legitimieren. [...]

Der Schriftsteller und Literaturwissenschaftler Gustav Freytag hat 1863 in seinem Buch „Die Technik des Dramas" die Theorie des klassischen, aristotelisch geprägten Dramas in stark schematisierter Form zusammengefasst, indem er die Dramenstruktur als „pyramidalen Bau" beschrieb.

Wesentlich für die Struktur des klassischen Dramas sind die auf Aristoteles zurückgehenden drei Einheiten: **die Einheit der Handlung, der Zeit und des Ortes**. Jede Szene des Dramas erweist sich als Teil des einen geradlinigen, zeitlich eng begrenzten und an einen Ort gebundenen Handlungsstranges. Die Szenen (Auftritte) sind zu fünf Akten (Aufzügen) gebündelt. Diese fünf Akte stehen in einem die Spannung aufbauenden Funktionszusammenhang, sie bilden die Etappen, die den dramatischen Prozess in seiner idealtypischen Verlaufsform gliedern.

Gustav Freytag bezog seine Aussagen auf die klassische Tragödie, mit einer „Katastrophe" am Ende. Die Strukturbeschreibung ist jedoch mit unwesentlichen Änderungen auch auf ein Schauspiel mit positivem Ausgang übertragbar.

1. Akt, **Exposition**: Die Zuschauer/innen werden eingeführt in Zeit, Ort, Atmosphäre der Handlung; sie lernen die für die Handlung wichtigen Personen direkt (sie treten auf) oder indirekt (es wird über sie gesprochen) kennen; der Konflikt beginnt, sich mehr oder minder deutlich abzuzeichnen.

2. Akt, **steigende Handlung mit erregendem Moment**: Die Handlung erhält einen entscheidenden Anschub, Interessen stoßen aufeinander, Intrigen werden gesponnen, der Ablauf des Geschehens

beschleunigt sich in eine bestimmte Richtung; dadurch steigt die Spannung auf den weiteren Verlauf der Handlung und das Ende (Aufbau einer Finalspannung).

3. Akt, **Höhepunkt und Wendepunkt**: Die Entwicklung des Konflikts erreicht ihren Höhepunkt, der Held/die Heldin steht in einer entscheidenden Auseinandersetzung, die Einfluss auf das weitere Schicksal hat. Es erfolgt eine Wende zu Sieg oder Niederlage, zu Absturz oder Erhöhung.

4. Akt, **fallende Handlung mit retardierendem Moment**: Die Handlung fällt jetzt auf das Ende zu; dennoch wird die Spannung noch einmal gesteigert, indem die Entwicklung im sogenannten retardierenden Moment verzögert wird.

5. Akt, **Lösung des Geschehens** in Form einer **Katastrophe** oder eines **Triumphes** bzw. positiven Endes: Die Schlusshandlung bringt die Lösung des Konflikts mit dem Untergang des Helden/der Heldin oder die Auflösung aller Verwicklungen. Im Falle einer Katastrophe ist der äußere Untergang, der Tod des Helden/der Heldin mit einem inneren, z. B. moralischen Sieg verbunden.

Ziel des aristotelischen Theaters ist es, den Zuschauer/die Zuschauerin an das Geschehen zu binden, indem er sich zum Beispiel mit den Figuren identifiziert, mit ihnen mitleidet, sich mit ihnen in Gefahrensituationen fürchtet und sich mit ihnen freut. Auf diesem Weg sollte eine innere Reinigung **(Katharsis)** von derartigen Gemütsbewegungen bewirkt werden.

Nach: Heinrich Biermann und Bernd Schurf (Hrsg.): Texte, Themen und Strukturen. Deutschbuch für die Oberstufe. Cornelsen Verlag, Berlin 1999, S. 164 f.

Euripides – Anmerkungen zu Leben und Werk

Der jüngste Dichter des klassischen Dreigestirns der attischen Tragödie (Aischylos, Sophokles, Euripides) wurde um 485 v. Chr. auf der Insel Salamis geboren. Einen Großteil seiner Jugend verbrachte er auf dem Landgut seines Vaters, der ihn, weil ihm ein Orakel Siege für den Sohn prophezeit hatte, in verschiedenen sportlichen Disziplinen ausbilden ließ. Später wandte sich dann Euripides der Tragödiendichtung zu, auch beim Appollonkult war er in seiner Ju-

Büste des Euripides

gend als Fackelträger und Tänzer tätig. Von seiner zweiten Frau Choirile hatte Euripides drei Söhne, darunter Euripides den Jüngeren, der die späten Dramen seines Vaters auf die Bühne brachte.

Euripides lebte im geistigen Klima der griechischen Aufklärung. Er kannte einige der wichtigsten Philosophen seiner Zeit, darunter Sokrates, persönlich und setzte sich auch in seinen Werken mit ihren Gedanken auseinander. Weil er so ausschließlich mit dem geistigen Leben und seinem Schaffen beschäftigt war, galt er im Privatleben als misanthropisch und verschlossen. Man unterstellte ihm, er sei ein Frauenfeind, was angesichts der einfühlsamen Darstellung des Seelenlebens seiner Heldinnen und Helden auf der Bühne jedoch angezweifelt werden muss.

In den Augen des Aristoteles handelt es sich bei Euripides um den „tragischsten" der ihm bekannten Dichter. In seinen Tragödien entwickelt er bekannte Mythen, aktualisiert sie und führt neue Themen in die Mythenerzählung ein. Wichtig sind ihm neben der Psyche seiner Figuren auch die Darstellung von Leidenschaften und menschlicher Konflikte.

Nach 408 v. Chr. verließ Euripides Athen und ging an den Hof des Königs Archelaos von Makedonien nach Pella, wo er Anfang des Jahres 406 starb. Einer Sage nach wurde er von wilden Hunden zerrissen.

Während Euripides zu Lebzeiten keine große Anerkennung fand und vergleichsweise nur wenig Dichterwettbewerbe gewann, hatte sein Werk später große Nachwirkungen bis heute. Er gilt als einer der meistgelesenen und -aufgeführten Dramatiker.

Nach: http://viamus.uni-goettingen.de/fr/e/schule/g/a_01/03, Abruf: 18.8.2015 und Eller, Karl-Heinz: Euripides, Medea. Griechisch-Deutsch. Übersetzt und herausgegeben von Karl-Heinz Eller, Stuttgart 1992, S. 129 ff.

3. Zur Rezeptionsgeschichte – Anmerkungen und ausgewählte Dokumente

Bereits vor, vor allem aber nach Euripides hat es unzählige Bearbeitungen des Mythos von Medea gegeben. Dass es sich dabei nicht nur um Dramen, sondern auch um Prosatexte, Gedichte, Filme und auch musikalische Versionen wie etwa Opern handelt, hat die Literaturwissenschaftlerin Inge Stephan dazu bewogen, von einer „multimedialen Karriere" der Figur Medea zu sprechen. Die Flut der Bearbeitungen verweist dabei einerseits auf die bleibende Aktualität der Themen und Konflikte, die im Mythos von Medea verhandelt werden, andererseits aber auch darauf, wie sehr sich verschiedene Menschen an der beunruhigenden und aufwühlenden Geschichte „abgearbeitet" haben. In der Auseinandersetzung mit exemplarischen Zeugnissen aus der Rezeptionsgeschichte erweist sich dabei, dass es sich bei Medea um „die Gestalt mit dem magischen Namen, in der die Zeiten sich treffen" (Christa Wolf) handelt, die auch uns Heutigen dabei helfen kann, Abgründiges in Vergangenheit und Gegenwart zu beleuchten.

Inge Stephan: Der schwierige Umgang mit dem antiken Erbe

Medea als faszinierende mythologische Gestalt

Die „Faszinationsgeschichte" der antiken Mythen ist bis heute ungebrochen. Gerade in Zeiten dramatisch beschleunigter Säkularisierungsprozesse[1] scheint die Rückbesinnung auf die antiken Fundamente einherzugehen mit einer Wiederbelebung des vorchristlichen „Erbes", das in der griechischen Philosophie und Mythologie aufbewahrt ist. Zu dieser antiken Erbschaft gehört auch Medea, um die sich als Mörderin des Bruders, des Onkels, der Nebenbuhlerin und der beiden Kinder eine Aura aus Schrecken und Faszination gebildet hat. Als leidenschaftlich Liebende und

1 Verweltlichung, auch im Sinne eines sozialen Wandels und der Ablösung eines religiösen Weltbildes durch eine rational-wissenschaftliche Auffassung

verlassene Frau, als mörderische Schwester und Mutter, als heilkundige Zauberin und todbringende Giftmischerin ist Medea über die Jahrtausende eine ambivalente Bezugsfigur gewesen. Als umstrittene Täterin und maßlos gedemütigtes Opfer erinnert sie an die dunklen, tabuisierten Seiten des Eros und der Mutterliebe und rührt an die zerstörerischen Impulse, die im Verlauf des Zivilisationsprozesses nur mühsam humanitär oder christlich übertüncht worden sind. Wie die Mythen von Odysseus oder Ödipus gehört auch der Medea-Mythos zu den „Urtexten" der Zivilisation, deren „blutiges Erbe" nicht zuletzt deshalb so schwer anzunehmen ist, weil Medea eine Frau ist und als Täterin die Ordnung der Geschlechter fundamental infrage stellt.

Ambivalenz der Figur

Tatsächlich ist das „Sündenregister" Medeas lang – gleich ob man ihre Taten am antiken Tugendkatalog der Mäßigung oder an den christlichen Geboten der Nächstenliebe misst. Über die „offiziellen", von Euripides erzählten fünf Morde hinaus ist Medea – wenn man andere Überlieferungen berücksichtigt – noch mit weiteren Verbrechen belastet: Sie ist Verräterin des Vaters, dessen Tod sie billigend in Kauf nimmt bzw. verursacht, und sie ist zumindest indirekt schuld am Tod des Herrschers Kreon, der seiner sterbenden Tochter zu Hilfe eilt, sowie am schmählichen Ende von Jason, dessen genealogische[1] Linie sie komplett auslöscht. Dieser abschreckenden „Mehrfachmörderin" und „Triebtäterin" Medea steht auf der anderen Seite eine faszinierende Frauenfigur gegenüber, die ihre Umgebung durch Intellektualität, Schönheit, rhetorische Kraft und kämpferische Entschiedenheit weit überragt. Sie ist dem Vater und Bruder haushoch an Verstand überlegen, sie verhilft Jason zum goldenen Vlies und sichert durch ihre kluge Berechnung die gemeinsame Flucht aus Kolchis nach Korinth, sie kann Orakelsprüche lösen und weiß um die Geheimnisse männlicher Potenz, sie überlistet den Herrscher Kreon und sichert sich die Unterstützung des Königs Aigeus. Als kompromisslos liebende Frau ist sie

1 Familiengeschichte, Geschlecht

überdies eine tragische Heroine[1], vor deren leidenschaftlicher Größe alle in ihrer Umgebung auf ein erbärmliches Mittelmaß schrumpfen. Leidenschaft und Intellektualität, Gewalt und Verbrechen auf der einen, Demütigung und Verrat, Opferung und Vernichtung auf der anderen Seite bilden ein explosives Gemisch, das den Medea-Mythos bis heute zu einer ambivalenten Erbschaft macht. [...]

Dabei hat es nicht an Versuchen gefehlt, dieses Erbe kommensurabel[2] zu machen. Im Verlauf der Rezeptionsgeschichte lässt sich eine Reihe von unterschiedlichen Strategien beobachten, durch die Medea „entlastet" wird. [Die Versuche reichen dabei von Umschreibungen oder Umdeutungen des Mythos bis hin zur Psychologisierung oder Pathologisierung von Medeas Verhalten, die jedoch im Längsschnitt auf die Tatsache verweisen, dass Medea keine angenehme Erbschaft darstellt. A. W.]

So ist es nicht verwunderlich, dass Medea – anders als ihr antikes Gegenbild Antigone – nicht zur positiven Leitfigur abendländischer Philosophie und Literatur avancieren konnte, als die Antigone als treue Tochter und Schwester, entsexualisierte Braut und asketische Empörerin gegen angemaßte Herrschaft bis heute gilt. Einen beunruhigenden Gegenentwurf bildet Medea auch zur Figur der christlichen Maria, die als jungfräuliche Mutter ein Modell uneigennütziger Weiblichkeit repräsentiert, das in schrillem Gegensatz zur sexuell fordernden Frau und „mörderischen" Mutter Medea steht. Die Erbschaft der Medea ist sperriger als die ihrer antiken und christlichen Gegenbilder. Die Konfliktfelder, in die Medea eingebunden ist, rühren an Grundvoraussetzungen unseres westlichen zivilisatorischen Selbstverständnisses. Das mag ein Grund für die Zunahme der Medea-Bearbeitungen in der zweiten Hälfte des 20. Jahrhunderts sein.

---

1 Heldin

2 mit gleichem Maß messbar; vergleichbar; gemeint ist hier die Vergleichbarkeit mit anderen Tragödien, Personen oder Taten.

Medea im Zentrum verschiedener Konfliktfelder

[Die Konfliktfelder, in denen sich eine Figur wie Medea bewegt, erscheinen im Vergleich zur mythischen Figur der Antigone gesteigert und gewaltsam zugespitzt:] Auch im Falle Medeas geht es um eine Kollision zwischen Göttlichem und Menschlichem, Heiligem und Profanem[1] und kommt es zu einer Konfrontation zwischen „alter" und „neuer" Familienordnung. Medea löst sich aus ihrer „Ursprungsfamilie", um Jason zu folgen und mit ihm eine „neue" Familie zu gründen. Sie verlässt ihre Heimat Kolchis und folgt dem Geliebten in die Fremde nach Korinth. Liebe und Leidenschaft erscheinen als Triebkräfte einer Bewegung, die alte Ordnungen zerstört und neue begründet. Im Gegensatz zur jungfräulichen und asketischen Antigone ist Medea eine erotisch fordernde und sexuell aktive Frau, die als aufopferungsvoll Liebende und als hingebungsvolle Mutter Maßstäbe setzt und diese zugleich durch „Übererfüllung" konterkariert[2]. Als Figur der Rache, die Verrat und sexuelle Untreue unerbittlich verfolgt, ist Medea eine Figur der exzessiven Überschreitung, die all das gewaltsam einklagt, was ihr ihrer Meinung zu Unrecht genommen bzw. verweigert wird. Im blutigen Ende, das sie ihren Gegnern am Ende bereitet, unterscheidet sie nicht mehr zwischen Feinden und Freunden, Eigenem und Fremdem.

Medea ist aber nicht nur eine Figur der exzessiven Rache, deren Opfer sie selbst wird, sie ist auch eine tragische Figur, die Alter und Vergänglichkeit am eigenen Leibe erfährt. Auch hier ist sie in einer prekären[3] Situation. Als „guten Rat Wissende" – so lässt sich ihr Name übersetzen – verfügt sie über Mittel zur Verjüngung und Potenzsteigerung. Sie verhilft Jason zur ewigen Jugend und Aigeus zum ersehnten männlichen Nachwuchs. Sie selbst aber ist dem Gesetz des Alterns unterworfen und löscht ihre eigene Nachkommenschaft aus, weil sie glaubt, damit die genealogische Linie Jasons zu vernichten.

---

1 Weltlichem
2 durchkreuzen, hintertreiben
3 schwierig, heikel

[Bei dem Umgang mit dem Erbe Medeas ist es nötig, die Ambivalenzen dieser Figur auszuhalten], ohne sie vorschnell einzuebnen oder harmonisieren zu wollen. Auch wenn es offensichtlich nicht die „eine" oder gar „richtige" Geschichte Medeas – den sog. „Urmythos" – gibt, so ist doch deutlich, dass gerade die vielen, sich widersprechenden und überkreuzenden Versionen die Vielschichtigkeit Medeas ausmachen. Die „dunklen" gewalttätigen Seiten gehören ebenso zum Erbe wie die „hellen" anrührenden Züge, die Medea als liebende Frau und Mutter trägt. [...]

Aktualisierungen des Medea-Mythos in der Gegenwart

In der Gegenwart sind es vor allem vier große Konfliktfelder, in denen Medea eine wichtige Rolle spielt. Sie taucht erstens als positive oder negative Identifikationsfigur im „Kampf der Geschlechter" auf. Vor allem im Kontext der neuen Frauenbewegung nach 1968 ist sie zum Leit- oder Schreckbild weiblicher „Emanzipation" geworden. Zweitens wird sie als Bewältigungsfigur aufgerufen, wenn politische und familiale Ordnungen in die Krise geraten, wie zum Beispiel nach dem Zweiten Weltkrieg, als über die „Schuld" der Mütter debattiert und „Mütterlichkeit" neu valorisiert[1] wurde. Drittens ist sie eine zentrale Projektionsfigur in den Debatten über Ethnizität[2] und Rassismus. Als „Fremde" und „Ausländerin", als die sie bereits bei Euripides erscheint, bietet sie eine grandiose Projektionsfläche für abweichendes und fremdartiges Verhalten. Nicht zufällig wird Medea im 20. Jahrhundert häufig als „Zigeunerin", „Negerin" oder „Jüdin" imaginiert oder als hybride[3] Figur der Vermischung entworfen. Viertens ist Medea eine wichtige Reflexionsfigur in den Auseinandersetzungen um die Bedeutung von Gewalt. Die Frage nach der Legitimität von Gewalt stellt sich im Falle von Medea in besonderer Schärfe, da sie mit ihren Taten in archaische[4] Praktiken der Blutrache und des Menschenopfers zu-

[1] bewerten
[2] von gr. ethnos (fremdes Volk), Begriff zur Bezeichnung kultureller Identitäten
[3] durch Kreuzung verschiedener Dinge entstanden
[4] aus sehr alter Zeit stammend

rückfällt, die in den politischen Auseinandersetzungen der Gegenwart eine bestürzende Aktualität gewonnen haben. [...] Das Interesse von Autor/innen und Künstler/innen an Medea hält in der Gegenwart unvermittelt an. Auch am Anfang des 21. Jahrhunderts gibt es [...] aufsehenerregende Aufführungen und dramatische „Korrekturen", die so weit gehen, dass der „mythische Kernbestand" immer stärker angetastet wird.

Aus: Inge Stephan: Medea. Multimediale Karriere einer mythologischen Figur. Köln: Böhlau 2006, S. 1 ff.

Literarische Bearbeitungen

Paul Celan (1920–1970): IM SCHLANGENWAGEN

Im SCHLANGENWAGEN, an
der weißen Zypresse vorbei,
durch die Flut
fuhren sie dich.

Doch in dir, von
Geburt,
schäumte die andre Quelle,
am schwarzen Strahl Gedächtnis
klommst du zutag. (1967)

Paul Celan: Im Schlangenwagen. In: Gesammelte Werke. Bd. 2. Frankfurt a. M.: Suhrkamp Verlag, 1986, S. 27

Bertolt Brecht (1898–1956): Die Medea von Lodz

Da ist eine alte Märe
Von einer Frau, Medea genannt
Die kam vor tausend Jahren
An einen fremden Strand.
Der Mann, der sie liebte
Brachte sie dorthin.
Er sagte: du bist zu Hause
Wo ich zu Hause bin.

Sie sprach eine andere Sprache
Als die Leute dort

Für Milch und Brot und Liebe
Hatten sie ein anderes Wort.
Sie hatte andere Haare
Und ging ein anderes Gehn
Ist nie dort heimisch geworden
Wurde scheel angesehn.

Wie es mit ihr gegangen
Erzählt der Euripides
Seine mächtigen Chöre singen
Von einem vergilbten Prozeß.
Nur der Wind geht noch über die Trümmer
Der ungastlichen Stadt
Und Staub sind die Stein, mit denen
Sie die Fremde gesteinigt hat.

Da hören wir mit einem
Mal jetzt die Rede gehen
Es würden in unseren Städten
Von neuem Medeen gesehn.
Zwischen Tram und Auto und Hochbahn
Wird das alte Geschrei geschrien
1934
In unserer Stadt Berlin. (1934)

Aus: Bertolt Brecht, Werke: Gedichte 4, Gedichte und Gedichtfragmente 1928–1939, Berlin und Weimar 1993, S. 240 f. Aus urheberrechtlichen Gründen nicht in reformierter Schreibung.

Helga M. Novak (1935–2013): Brief an Medea

Medea du Schöne dreh dich nicht um
vierzig Talente hat er dafür erhalten
  von der Stadt Korinth
der Lohnschreiber der
dass er dir den Kindermord unterjubelt
ich rede von Euripides verstehst du
seitdem jagen sie dich durch unsere Literaturen

als Mörderin Furie Ungeheuer
dabei hätte ich dich gut verstanden
wer nichts am Bein hat
kann besser laufen
aber ich sehe einfach nicht ein
dass eine schuldbeladene Gemeinde
ihre blutigen Hände an deinen Röcken abwischt
keine Angst wir machen das noch publik
dass die Korinther selber deine zehn Gören gesteinigt haben
(wie sie schon immer mit Zahlen umgegangen sind)
und das mitten in Heras Tempel
Gewalt von oben hat keine Scham
na ja die Männer die Stadträte
machen hier so lustig weiter
wie früher und zu hellenischen Zeiten
(Sklaven haben wir übrigens auch)
bloß die Frauen kriegen neuerdings
Kinder auf Teufel komm raus
anstatt bei Verstand zu bleiben
(darin sind sie dir ähnlich)
andererseits haben wir
uns schon einigermaßen aufgerappelt
was ich dir noch erzählen wollte:
die Callas ist tot.

(1978)

Aus: Helga M. Novak: Solange noch Liebesbriefe eintreffen. Gesammelte Gedichte in zwei Bänden. Herausgegeben von Rita Jorek. Frankfurt am Main: Schöffling & Co. Verlagsbuchhandlung GmbH. 2. Auflage 2008, S. 347

Christa Wolf (1929–2011): Medea. Stimmen (Auszüge)

In ihrem Roman „Medea. Stimmen" erzählt Christa Wolf die Geschichte von Medea als die einer in ihrer wahren Absicht und ihrem Charakter verkannte Frau. In ihrem Misstrauen gegen die Version des Euripides, der Medea den Mord an den eigenen Kindern anlastet,

nimmt Wolf in ihrer Fassung Bezug auf ältere Schichten des Mythos, aber auch auf aktuelle geschichtliche und persönliche Erfahrungen und deutet wichtige Elemente der Geschichte um.
Um die Figur Medea in ihrer Widersprüchlichkeit, aber auch in ihrer Faszination umfassend zu beleuchten, erzählt sie dabei aus der Perspektive mehrerer „Stimmen", die jeweils chronologisch durchnummeriert werden. Der Leser gewinnt dabei das Bild von einer selbstbewussten, in ihrer Heimat Kolchis noch nicht durch die Herrschaft der Männer unterdrückten Frau, die in der männerdominierten Kultur von Korinth aufgrund ihres „Andersseins" keine Chance hat. Sie, die sich von ihrem an die neue Gesellschaft immer stärker angepassten Ehemann Jason entfremdet, wird schließlich in die Rolle eines Sündenbockes gedrängt, nicht zuletzt auch deshalb, weil sie hinter die abgründigen Geheimnisse und Machenschaften der Herrscher kommt und somit eine Bedrohung darstellt. Die folgenden Auszüge, von denen der erste eine Einleitung darstellt, verweisen insbesondere auf die Beziehung zwischen Jason, Medea und den Kindern in Korinth und deuten auch das Ende in einer ganz bestimmten Weise.

Wir sprechen einen Namen aus und treten, da die Wände durchlässig sind, in ihre Zeit ein, erwünschte Begegnung, ohne zu zögern erwidert sie aus der Zeittiefe heraus unseren Blick. Kindsmörderin? Zum erstenmal dieser Zweifel. Ein spöttisches Achselzucken, ein Wegwenden, sie braucht unseren Zweifel nicht mehr, nicht unser Bemühen, ihr gerecht zu werden, sie geht. Uns voran? Von uns zurück? Die Fragen haben unterwegs ihren Sinn verloren. Wir haben sie auf den Weg geschickt, aus der Tiefe der Zeit kommt sie uns entgegen, wir lassen uns zurückfallen, vorbei an den Zeitaltern, die, so scheint es, nicht so deutlich zu uns sprechen wie das ihre. Irgendwann müssen wir uns begegnen.
Lassen wir uns zu den Alten hinab, holen sie uns ein?
Gleichviel. Es genügt ein Händereichen. Leichthin wechseln sie zu uns über, fremde Gäste, uns gleich. Wir besitzen den Schlüssel, der alle Epochen aufschließt, manchmal benutzen wir ihn schamlos, werfen einen eiligen Blick durch den Türspalt, erpicht auf schnellfertige Urteile, doch sollte es auch möglich sein, uns schrittweis zu nähern, mit Scheu vor dem Tabu, gewillt, den Toten ihr

Geheimnis nicht ohne Not zu entreißen. Das Eingeständnis unserer Not, damit müssten wir anfangen.

Die Jahrtausende schmelzen unter starkem Druck. Soll also der Druck bleiben. Müßige Frage. Falsche Fragen verunsichern die Gestalt, die sich aus dem Dunkel der Verkennung lösen will. Wir müssen sie warnen. Unsere Verkennung bildet ein geschlossenes System, nichts kann sie widerlegen. Oder müssen wir uns in das Innerste unserer Verkennung und Selbstverkennung hineinwagen, einfach gehen, miteinander, hintereinander, das Geräusch der einstürzenden Wände im Ohr. Neben uns, so hoffen wir, die Gestalt mit dem magischen Namen, in der die Zeiten sich treffen, schmerzhafter Vorgang. In der unsere Zeit uns trifft. Die wilde Frau.

Jetzt hören wir Stimmen.

2 Jason

[...] Jetzt überfällt mich das Bild wieder, das ich all die Jahre unter der Oberfläche gehalten habe. Das grausamste und unwiderstehlichste Bild, das ich von ihr habe. Medea als Opferpriesterin vor dem Altar einer uralten Göttin ihres Volkes, in ein Stierfell gehüllt, eine aus Stierhoden gefertigte phrygische Mütze auf dem Kopf, Zeichen der Priesterin, die das Recht hat, Schlachtopfer zu vollziehen. Und das tat Medea. Sie schwang am Altar das Messer über den geschmückten Jungstier und schlitzte ihm die Halsschlagader auf, daß er in die Knie brach und verblutete. Die Weiber aber fingen das Blut auf und tranken davon, und Medea als erste, und mir schauderte vor ihr, und ich konnte den Blick nicht von ihr wenden, und ich bin sicher, sie wollte, daß ich sie so sah, schrecklich und schön, ich begehrte sie, wie ich noch nie eine Frau begehrt hatte, ich hatte nicht gewußt, daß es dieses Begehren gibt, das dich zerreißt, und ich floh, als die Weiber im Blutrausch zu stampfen anfingen und gräßlich zu tanzen, und ich wußte, ohne diese Frau konnte ich nicht mehr weg. Ich mußte sie haben. [...]

8 Medea

[...] Der Duft der frischen Fladen trieb meine Jungen herein, wie zwei Fohlen, die Heu wittern, sagte ich, und sie verbündeten sich sofort mit Lyssa, von wegen Heu, schrien sie, und lustvoll spielten wir noch einmal die Rollen, die wir so viele Male gespielt hatten, die drei gegen mich, unsere Stimmen stritten, unsere Augen lachten. Dann nahmen die Knaben meinen Aufzug wahr, verstummten, umkreisten mich, befingerten den Stoff meines Kleides, schnalzten bewundernd, das tat mir gut, wie lange konnte die Bewunderung dieser Kinder noch der Mutter gelten.

Dann zerrissen sie den ersten Fladen, stopften ihn sich in die Münder, auch ich bekam Heißhunger, begann zu essen, dabei blickte ich mich in der Kirche um, sah jedes Stück so deutlich wie zum letzten Mal, jede Gerätschaft, das Keramikgeschirr, die Töpfe auf dem Wandbrett, den splittrigen Holztisch, Lyssas vertraute Gestalt und besonders die Kinder, die so verschieden sind, als kämen sie nicht von der gleichen Mutter. Meidos, der größere, blonde, blauäugige, zu dem Jason schon immer besonders gerne „mein Sohn" gesagt hat, mit dem er stundenlang über Land reitet und auf den er die Entfremdung, die sich zwischen uns ausgebreitet hat, nicht überträgt. Und ich vermeide es, diesem Kind die helle Bewunderung für seinen Vater zu trüben, diesen Schmerz halte ich fest am Zügel. Pheres dagegen, mein Kleiner, rund und fest wie ein braunes Nüßchen, nach Gras riechend, wollhaarig, dunkeläugig, hingegeben dem Genuß des Essens wie jeder anderen Tätigkeit, jedem Spiel, mit diesem gesammelten Gesicht, das ich an ihm so liebe, mit dem schnellen Wechsel von Licht und Schatten auf seinen Zügen, mit seiner Fähigkeit, von einem Augenblick zum anderen von Ernst in Übermut zu fallen, trostlos zu weinen und vor Lachen außer sich zu sein. Sie bestürmten mich beide, ich solle sie mitnehmen zum Fest, ich gebrauchte eine Ausrede. Sie wollte ich beim Fest der Korinther nicht dabei haben.

Vielleicht ist es eine gnädige Fügung, daß uns ein Hochgefühl überkommt, wenn wir vor dem Abgrund stehen. An jenem Morgen waren alle Lasten von mir abgefallen, ich lebte, meine Kinder waren gesund und heiter und hingen an mir [...]

10 Leukon

[...] Maßlos ist sie am Ende gewesen, so, wie die Korinther sie brauchten, eine Furie. Wie sie, die bleichen verängstigten Knaben an der Hand, in den Tempel der Hera eindrang, die Priesterin beiseite schob, die ihr in den Weg trat; wie sie die Kinder zum Altar führte und zur Göttin aufschrie, was einer Drohung mehr ähnelte als einem Gebet:

Sie solle diese Kinder schützen, da sie, die Mutter, es nicht mehr könne. Wie sie die Priesterinnen verpflichtete, sich der Kinder anzunehmen, was die aus Furcht und Mitleid versprachen. Wie sie dann mit den Kindern redete, versuchte, ihnen die Angst zu nehmen, sie umarmte und, ohne sich noch einmal umzusehen, den Tempel verließ, um sich sofort den wartenden Wachen auszuliefern. Wie sie die ganze Zeit, als man sie als Sündenbock durch die Stadt führte, einen schrecklichen Gesang ausstieß, der die Menschen am Straßenrand aufstachelte, ihn zu ersticken. Sie muß es darauf angelegt haben, getötet zu werden, aber die Wachen hatten den Befehl, sie lebend aus der Stadt zu bringen.

Später, nachdem das Entsetzliche geschehen war, haben sie Kommandos losgeschickt, Medea aufzufinden, [...] Nun fahndet man nach Helfershelfern der beiden, die sie womöglich zu Pferde weggebracht haben könnten, nur um überhaupt etwas zu tun und um das Eingeständnis herumzukommen, daß man ohnmächtig ist und sich nicht rächen kann für den Tod der Tochter des Königs. Und weil man die Legenden im Keim ersticken will, die im abergläubischen Volk entstehen: daß die Göttin selbst, Artemis, die Flüchtenden in ihrem Schlangenwagen der Erde enthoben und sie in sichere Gefilde entführt habe. [...]

Durch den Schleier, der sich über meine Augen legt, sehe ich den neuen Vertrauten des Akamas herankommen, einen verschlagenen rohen Burschen, durch das Dröhnen des Herzschlags in meinen Ohren höre ich ihn fragen, was los sei, doch so, als wisse er die Antwort. Die Menge verstummt, dann rufen mehrere: Wir haben es getan. Sie sind hin. Wer, fragt der Bursche. Die Kinder! ist die Antwort. Ihre verfluchten Kinder. Wir haben Korinth von dieser Seuche befreit. Und wie? fragt der Bursche mit Verschwörermiene. Gesteinigt! brüllen viele. Wie sie es verdienten. [...]

11 Medea

Tot. Sie haben sie ermordet. Gesteinigt, sagt Arinna. Und ich habe gedacht, ihre Rachsucht vergeht, wenn ich gehe. Ich habe sie nicht gekannt.

Mich hat sie nicht erkannt, doch Lyssa, ihre Mutter, erkannte sie an einem dunklen Fleck in ihrer Armbeuge. Wie sie erschrak. Das Leben hier hat uns verändert. Die Höhle. Die gnadenlose Sonne im Sommer, die Kälte im Winter.

Die Nahrung aus Flechten, Käfern, kleinem Getier, Ameisen. Wir sind die Schatten unserer früheren Jahre.

Wir Verblendeten. Wir haben von den Kindern als von Lebenden gesprochen. Haben sie aufwachsen sehen, Jahr um Jahr. Unsere Rächer sollten sie sein. Und ich war noch nicht aus dem Weichbild ihrer Stadt, da waren sie schon tot.

Welcher Unhold hat Arinna hergeführt. Wollen die Götter mich lehren, wieder an sie zu glauben. Da lach ich nur. Jetzt bin ich ihnen über. Wo sie mich auch abtasten mit ihren grausamen Organen, sie finden keine Spur von Hoffnung, keine Spur von Furcht an mir. Nichts nichts. Die Liebe ist zerschlagen, auch der Schmerz hört auf. Ich bin frei. Wunschlos horch ich auf die Leere, die mich ganz erfüllt.

Und die Korinther sollen immer noch nicht fertig sein mit mir. Was reden sie. Ich, Medea, hätte meine Kinder umgebracht. Ich, Medea, hätte mich an dem ungetreuen Jason rächen wollen. Wer soll das glauben, fragte ich. Arinna sagte: Alle. Auch Jason? Der hat nichts mehr zu sagen. Aber die Kolcher? Die sind alle tot, bis auf die Frauen in den Bergen, und die sind verwildert.

Arinna sagt, im siebten Jahre nach dem Tod der Kinder haben die Korinther sieben Knaben und sieben Mädchen aus edlen Familien ausgewählt. Haben ihnen die Köpfe geschoren. Haben sie in den Heratempel geschickt, wo sie ein Jahr verweilen müssen, meiner toten Kinder zu gedenken. Und dies von jetzt an alle sieben Jahre.

So ist das. Darauf läuft es hinaus. Sie sorgen dafür, daß auch die Späteren mich Kindsmörderin nennen sollen. Aber was ist denen das gegen die Greuel, auf welche sie zurückblicken werden. Denn wir sind unbelehrbar.

Was bleibt mir. Sie verfluchen. Fluch über euch alle.

Fluch besonders über euch: Akamas. Kreon. Agameda. Presbon. Ein gräßliches Leben komme über euch und ein elender Tod. Euer Geheul soll zum Himmel aufsteigen und soll ihn nicht rühren. Ich, Medea, verfluche euch.
Wohin mit mir. Ist eine Welt zu denken, eine Zeit, in die ich passen würde. Niemand da, den ich fragen könnte. Das ist die Antwort.

(1996)

Aus: Christa Wolf: Medea. Stimmen. Berlin: Suhrkamp Verlag 2010.
Aus urheberrechtlichen Gründen nicht in reformierter Schreibung.

Warum Medea? – Christa Wolf im Gespräch mit Petra Kammann am 25.1.1996

Kammann: In Ihren Romanen und Erzählungen spielen Frauengestalten die wichtigste Rolle, gleich ob mit Rita Seidel in „Der geteilte Himmel", ob in „Nachdenken über Christa T.", ob mit und in „Kassandra" oder jetzt mit und in „Medea". Warum?

Wolf: Karoline von Günderrode in „Kein Ort. Nirgends" könnten Sie gleich noch mit dazunehmen: Immer dann werden Sie bei mir eine Frau im Zentrum eines Prosatextes finden, wenn die Konflikte, die ich bearbeite, sich an Frauen am schärfsten zeigen.

Kammann: Wäre es nicht eigentlich einsichtiger, wenn eine zeitgenössische Frau im Zentrum stünde, wie in einigen Ihrer Geschichten? „Kassandra" allerdings schrieben Sie schon 1982. Wie kamen Sie damals darauf, die „Schwarzseherin" zur Heldin zu machen? Und warum haben Sie mit Medea wieder eine andere Gestalt gewählt?

Wolf: Kassandra und Medea sind ja eigentlich keine Figuren aus der Antike, sondern aus der Vorgeschichte, der Mythologie. Manchmal kann man an solchen scheinbar weit zurückliegenden Figuren die zeitgenössischen Probleme besonders deutlich herausfiltern, gerade weil es ein prähistorisches Feld ist, auf das ich mich da begebe – allerdings schon mit patriarchalisch und hierarchisch strukturierten Gesellschaftsgruppen. Da wird erkennbar, dass das Grundverhalten der Menschen in ähnlichen Situationen schon dem unseren ähnlich oder gleich war. Insofern kann ich diese frühen Gesellschaften als Modell verwenden – wie es ja übrigens sehr oft in der deutschen Literatur geschah. Und genau das reizt mich. [...]

Kammann: Da Sie sich mit dem, was Sie seither geschrieben haben („Störfall", „Sommerstück", „Was bleibt", auch Essays), stärker in aktuellen Stoffen bewegten, frage ich mich, wie sie ausgerechnet auf „Medea" gestoßen sind.

Wolf: Ich war selbst überrascht, dass sich mir noch einmal ein mythologischer Stoff aufdrängte, aber so verwunderlich ist es doch nicht. Ich begann 1990/91, mich mit der Medea-Figur auseinanderzusetzen. Es zeigte sich mir in diesen Jahren, dass unsere Kultur, wenn sie in Krisen gerät, immer wieder in die gleichen Verhaltensmuster zurückfällt: Menschen auszugrenzen, sie zu Sündenböcken zu machen, Feindbilder zu züchten, bis hin zu wahnhafter Realitätsverkennung. Dies ist für mich unser gefährlichster Zug. In der DDR hatte ich ja gesehen, wohin ein Staat gerät, der immer größere Gruppen ausgrenzte, der seine Integrationsfähigkeit immer mehr verlor. Jetzt erleben wir in der größer gewordenen Bundesrepublik Deutschland, wie immer größere Gruppen von Menschen überflüssig werden, aus sozialen, aus ethnischen und anderen Gründen. Angefangen hatte es mit bestimmten Gruppen der DDR-Bevölkerung, gegen die man im Vereinigungsprozess im Westen eine Abwehrhaltung entwickelte. Diese Ausgrenzung des Fremden zieht sich durch die ganze Geschichte unserer Kultur. Immer schon vorhanden ist die Ausgrenzung des angstmachenden weiblichen Elements. Das zieht sich vom Beginn des Patriarchats durch die Geschichte.

Kammann: Wäre Kolchis, der Stadtstaat, aus dem Medea stammt, demnach eine Art Idealstaat für Sie? Im Roman scheint eine gewisse Sympathie durch.

Wolf: Aber auf keinen Fall! Medea verlässt Kolchis in meiner Version nicht aus Leidenschaft für den Argonauten Jason. Sie geht, weil dieses Kolchis sich in einer Weise verändert, dass sie dort nicht mehr bleiben kann. Sie ist eine Gestalt auf einer Zeitengrenze. Ich habe mir erlaubt, auf sie, auf ihre Generation Vorgänge zusammenzuziehen, die sich wahrscheinlich über einen Zeitraum von 2 500 Jahren verteilt haben – der Übergang von matriarchalisch dominierten Strukturen zum voll ausgebildeten Patriarchat. Ich habe Kolchis als einen Stadtstaat genommen, in dem noch matriarchale Verhältnisse erinnert werden, während Korinth schon durchpatrialisiert ist. […]

Kammann: Medea ist bei Ihnen insgesamt eine sehr positive Identifikationsfigur, während sie nach der Vorlage die Kindsmörderin ist.

Wolf: Die Kindsmörderin wird Medea erst bei Euripides, im 5. Jahrhundert v. Chr., davor gibt es schon eine vielhundertjährige Geschichte von Quellen, in denen Medea nicht die Kindsmörderin, sondern zuallererst die Göttin, dann die Priesterin, Heilerin, die „guten Rat Wissende" ist – das bedeutet nämlich ihr Name. Wir sollten uns fragen, warum wir sie als böse, wilde, mörderische Frau, als „Hexe" brauchten, die man verfolgen und ausgrenzen muss. Das ist es doch, was wir alle von ihr wissen. Sie gehört zu jenen Gestalten, an denen die Überlieferung je nach Bedarf viel gearbeitet, viel verändert und umgedeutet hat.
Das Bedürfnis des Patriarchats nach Abwertung weiblicher Eigenschaften, dessen Wurzel die Angst ist, hat im Verlauf von Jahrtausenden gerade diese Figur in ihr Gegenteil verkehrt. Mir war klar, dass sie keine Kindsmörderin sein konnte – nie hätte eine von matriarchalen Werten beeinflusste Frau ihre Kinder umgebracht. Dann fand ich – unterstützt durch Wissenschaftlerinnen – den Zugang zu den frühen Quellen, die meine Ahnung bestätigten. Das war ein freudiger Augenblick.

Kammann: Ist sie denn von Grund auf gut? Selbst zu ihren Rivalinnen, also zu Glauke, auch zur missgünstigen und neidischen Agameda, die sie am liebsten vernichten würde, hat sie ein gutes Verhältnis.

Wolf: Sie hat differenzierte, widersprüchliche Beziehungen zu ihnen, weil sie ihre jeweiligen Motive kennt. Und „gut" und „schlecht", „positiv" und „negativ" sind für mich keine literarischen Kategorien. Es geht doch um eine Frau, die in einen schnellen Prozess der Veränderung bisher gültiger Werte hineingerissen wird. „Gut" finden die Herrschenden in Korinth die sich unterwerfende Frau. Medea hat andere, nicht destruktive Wertmaßstäbe, andere starke Gefühle. Sie soll „umgebaut" werden, sonst ist sie nicht brauchbar. Ein aktuelles Ansinnen, finden Sie nicht?

Kammann: Gegenüber den anderen Figuren behandeln Sie Medea bevorzugt. Aus ihrer Perspektive werden vier Kapitel erzählt. Zweimal wird die Sicht von Jason, dem Argonauten, dem Vater ihrer

Kinder gewählt. Außerdem erfahren wir noch etwas über sie aus der Sicht fünf weiterer Personen mit ihren „Stimmen“. Wie haben Sie die Figuren angelegt?

Wolf: Diese für mich neue Form hat sich aus Versuchen mit anderen Erzählweisen heraus entwickelt. Erst spät hörte ich dann diese Stimmen und sah, dass sich mir dadurch eine Möglichkeit eröffnete, ein Erzählgewebe herzustellen, in dem jede der Figuren literarisch zu ihrem Recht kommt, in dem auch Medea von ihren verschiedenen Seiten gesehen werden kann, in ihrer Widersprüchlichkeit. So kann ich es vermeiden, sie als ungebrochene Heroine[1] darzustellen.

Kammann: Und doch liegen Ihre Sympathien eindeutig bei Medea.

Wolf: Sympathien? Das wäre zu wenig. Sie interessiert mich brennend, das ist viel mehr. Sie interessiert mich gerade mit ihren Brüchen. Ich frage nach Verhaltensweisen, die historisch produktiver sein könnten als die gewöhnlichen.

Kammann: Es kommen zwei Männergestalten vor, Leukon und Oistros, die im Ansatz auch positiv sind. Der eine ist Astronom, der andere Bildhauer. Stützen Sie sich bei diesen Figuren auch auf den alten Mythos, oder haben Sie die Figuren bewusst so angelegt? [...]

Wolf: Sie und die meisten anderen Figuren der Erzählung sind natürlich erfunden. Ich habe meinem Text keine der bekannten Medea-Darstellungen zugrunde gelegt, habe die meisten nicht einmal gelesen. [...] Aber es ist mir doch nicht darum gegangen, Frauen „sympathisch“ und Männer „unsympathisch“ darzustellen – wir sitzen doch alle in einem höchst gefährdeten Boot und können es nur gemeinsam retten, wenn überhaupt. [...]

Kammann: Wäre eine Rückkehr ins Matriarchat Ihrer Meinung nach sinnvoll?

Wolf: Um Gottes willen – nein. Wahrscheinlich hat es ein vollkommen ausgebildetes Matriarchat als „Frauenherrschaft“ nie gegeben, und ein Zurück in so undifferenzierte Verhältnisse gibt es sowieso nicht. Wir können nur versuchen, die Erfahrung der Jahrtausende beachtend, weiterzugehen. Es muss also immer

---

1 Heldin

selbstverständlicher werden, dass der männliche und weibliche Blick gemeinsam erst ein vollständiges Bild von der Welt vermitteln und dass Männer und Frauen sie auf ihre je eigene Weise gleichgestellt gestalten. Das würde zu ganz anderen Prioritäten führen als zu denen, die uns jetzt regieren. Zu anderen Werthierarchien. – Aber darüber will ich jetzt nicht spekulieren. Wir sind himmelweit davon entfernt. [...]

In: Suhrkamp Christa Wolfs Medea. Voraussetzungen zu einem Text. Herausgegeben von Marianne Hochgeschurz, Berlin: Suhrkamp 1998, S. 75 ff.

4. Medea in der Kunst

Geschichtliche Bildzeugnisse

Medea auf einem römischen Wandbild des 1. Jahrhunderts aus Herculaneum. Archäologisches Nationalmuseum Neapel

Medea vor dem Kindermord. Wandgemälde (Fresko) des 1. Jahrhunderts aus Pompeii. Archäologisches Nationalmuseum Neapel

Medea tötet einen ihrer Söhne. Kampanisch-rotfigurige Strickhenkelamphore des Ixion-Malers aus dem 4. Jahrhundert v. Chr.; gefunden in Cumae, heute im Louvre, Paris

Medea in der bildenden Kunst

„Médée furieuse" von Eugène Delacroix (1862), Louvre, Paris

„Medea" von Anthony Frederick Augustus Sandys (1868)

Auguste Rodin: Medea (um 1880)

Medea in den Augen des Künstlers Anselm Feuerbach (1829 – 1880)

Anselm Feuerbach war ein bedeutender deutscher Maler des 19. Jahrhunderts. Mit zunehmender künstlerischer Erfahrung wandte er sich verstärkt antiken Stoffen zu, die ihm als Sohn eines Altertumsforschers von Jugend an sehr vertraut waren. In der antiken Welt mit ihren Mythen und Gestalten sah er ein höheres, Mensch und Natur vereinendes Lebensideal. Neben Medea hat er sich intensiv auch mit der Gestalt der Iphigenie auseinandergesetzt. Große Teile seiner Kunst lassen sich daher auch als Umsetzung griechisch-klassischen Gedankengutes und großer Themen der Renaissance deuten.

Abschied der Medea (1870), Ölgemälde in der Neuen Pinakothek München

Medea mit dem Dolch (1870/71), Kunsthalle Mannheim

Medea an der Urne (1873), Kunsthistorisches Museum, Wien

Moderne Medea-Bilder

Angela Hampel, Medea altera (1996)

Bernard Safran, Medea (1964)

5. Medea auf der Bühne und im Film

Euripides' Text „Medea" als ein Schauspiel angelegt zur Aufführung auf der Bühne und entfaltet daher seine volle Wirkung erst im Rahmen einer Inszenierung – im Spiel der Agierenden, in der Gestaltung der Bühne und der Requisiten sowie in der Frage nach einem aktualisierenden Umgang mit dem antiken Stoff. Die Arbeit eines Regisseurs, aber auch die jedes einzelnen Schauspielers beinhaltet dabei immer auch eine ganz bestimmte Deutung des Stückes. Im Folgenden werden einige Theaterplakate von Medea-Inszenierungen abgebildet, die bereits in ihrer Unterschiedlichkeit auf ganz bestimmte Interpretationsschwerpunkte schließen lassen. Im Anschluss daran werden Bilder aus einer modernen Inszenierung von Michael Thalheimer gezeigt. Aus den darauf folgenden Pressestimmen lässt sich schließen, welche Akzente Thalheimer mit seiner „Medea" setzt und wie seine Version beim Publikum und den Kritikern angekommen ist. Anmerkungen zu der Verfilmung „Medea" von Pier Paolo Pasolini runden die Beschäftigung mit dem Thema ab.

Theaterplakate

Bilder aus der Inszenierung von Michael Thalheimer

Pressestimmen zur Frankfurter Aufführung 2012

Esther Boldt: Furchtbare Freiheit

Medea – Michael Thalheimers monströs-großartige Euripides-Inszenierung in Frankfurt

Frankfurt am Main, 14. April 2012. Auf diesen Abend haben wir zweieinhalb Jahre gewartet. Oliver Reese hatte seine Intendanz 2009 mit dem ungeheuren Versprechen angetreten, das Schauspiel Frankfurt wieder in die Theaterbundesliga führen zu wollen. Mit einem wahrhaft monströsen Abend lösen Michael Thalheimer und sieben fantastische Schauspieler dieses Versprechen nun ein. Ein Abend gegen jedwede rotsamtene, konsenssatte Gemütlichkeit, ein Abend des tiefen Schmerzes, der einem schier den Atem raubt, und der leichten Augenblicke, die keine Erlösung schenken. Gespielt wird Euripides' „Medea". Eine Tragödie, die von vorne herein eine Unmöglichkeit darstellt, ist das Undarstellbare doch ihr Kern, das Unbegreifliche ihr Dreh- und Angelpunkt: der Kindsmord. Diese Medea ist keine Furie, sie ist kein Ungeheuer, sie ist unerträglich klug und unerträglich versehrt in ihrem weißen Kleid, die nackten Knie schon blutverschmiert. Ihre Tragödie wird zu der des modernen Menschen in seiner Isolation, die der Verfall religiöser und sozialer Werte und Normen mit sich bringt. Hier tritt kein Einzelner heraus aus einer Gesellschaft, wie auch der Chor der Korintherinnen von nur einer Schauspielerin (Bettina Hoppe) gespielt wird, hier ist die Gesellschaft im Übergang zwischen Gestern und Morgen immer schon versprengt.

Als Botin einer fernen Zeit durchmisst anfangs Medeas Amme minutenlang den Raum, mit Armen, ausgebreitet wie Schwingen, vorgebeugt wie eine gramgeschüttelte Krähe, mit unerträglicher Langsamkeit einen Fuß vor den anderen setzend, als trage sie das Gewicht des Universums auf ihren Schultern. In der Gegenwart aber schützt nichts die Kolcherin Medea in Korinth vor dem Verlassen- und Verstoßenwerden. Also setzt sie sich selbst ins Recht, mit aller Gewalt und um jeden Preis. Thalheimer und die wunderbare Constanze Becker erzählen so die Geschichte der Selbstermächtigung einer Frau, einer Liebenden, einer Fremden.

Wie schon bei Maria Stuart nutzt Bühnenbildner Olaf Altmann die gewaltigen Dimensionen der Frankfurter Bühne, um die Protagonisten zu zerstreuen und flüchtige Konstellationen wie Sternbilder zu schaffen. Auf einem etwa drei Meter hohen Vorsprung am Bühnenende steht Medea, die Hände an die glatte, dunkelgraue Wand gekrallt, als suche sie dort einen Halt.

Es gibt keine Sprache, Constanze Beckers Stimme zu beschreiben. Sie, die mit Thalheimer schon in der Berliner Orestie und im Frankfurter Doppelabend Ödipus/Antigone arbeitete, meißelt jedes Wort tief ein ins Zuschauerherz. Zürnend und rachsüchtig beklagt sie ihr Geschick, in stummem Flehen streckt sie die Arme nach Kreon aus, als er ihre Verbannung verkündet. Dann bricht ihre Stimme, und wie eine gute Schauspielerin fädelt sie ihre Rache ein, schmeichelt, fleht und verhandelt, damit ihr Plan sich entfalten kann. Darum ist diese Medea kein Ungeheuer, darum ist sie wahrhaft monströs: Mit weit geöffneten Augen sieht sie ihren Untaten ins Antlitz. Sie ist keine Barbarin, sondern eine übergroß Liebende, die nicht allein in ihrem Stolz von Jasons Verrat gekränkt wurde, sondern vielmehr in all ihrem Menschsein.

Womöglich aber konnte, auch das legt dieser Abend nahe, Jasons Versprechen nur gebrochen werden. In wundervoll leichten, komischen Momenten, die die Schauspieler aus der „Medea“ herausspielen, wechselt der angeschlagene Ton allein auf die Metaebene: Wenn Marc Oliver Schulzes Jason mit energischem Schritt und fuchtelnden Armen stracks auf das Publikum zumarschiert und klagt, welch Unheil es doch sei, dass man zum Kinderkriegen Frauen braucht. Zum Beispiel.

Und wenn zum finalen Kindsdoppelmord eine Projektion riesiger Icons die Ikonografie des Paarseins durchdeklinieren, vom pochenden Herzen übers erste gemeinsame Kind zu Wohnmobil und Mondfahrt, während Bert Wredes E-Gitarren-Riffs aufs Trommelfell einstürmen, dann ist das ein schräger, böser Kommentar auf das hypertrophe Zweisamkeitsglücksversprechen namens Ehe, der allerdings keine Erlösung mit sich bringt, sondern die Fallhöhe vielmehr noch steigert.

Als Choreograf unter den Regisseuren schreibt Thalheimer das Leiden in die Körper ein, er beugt sie zu Zeichen, die sich an der unerbittlichen Wand entlangschieben. Doch es sind zwei Schreie, die keinen Zweifel daran lassen, dass hier zwei gewaltige Liebende ihren Rosenkrieg fechten: der Medeas zu Beginn des Abends, die wiederholt aufheult, als sei sie tödlich getroffen, ja als sähe sie in einen Abgrund, furchtbarer noch als der Tod. Und der Schrei Jasons am Schluss, nachdem er vom Tod seiner Söhne erfährt und am Boden liegend den Mund aufsperrt, dem nur ein leises, umso grausameres Ächzen entfährt. Nachdem sie sich ihr Recht erstritten, ja ertötet hat, ist die zuvor kajal- und blutverschmierte Medea plötzlich sauber und aufrecht. Im schwarzen Abendkleid geht sie hinaus in ihre furchtbare Freiheit.

URL: http://www.nachtkritik.de/index.php?option=com_content&view=article&id=6802:medea-nmichael-thalheimers-monstoes-grossartige-euripides-inszenierung-in-frankfurt&catid=38:die-nachtkritik&Itemid=40, Abruf: 20.8.2015)

Gerhard Stadelmaier: Der Vorsprung einer Schmerzensfrau

Die Urwucht der Tragödie, ungeheuer oben: Constanze Becker spielt, Michael Thalheimer inszeniert die „Medea" des Euripides im Schauspiel Frankfurt – sie treffen das alte Stück grandios ins dunkle Herz.

Der Dramatiker Euripides genehmigt am Ende der Frau, die mehr Tote auf dem Gewissen hat (mehr als ein halbes Dutzend), als je ein Höllendrache verspeisen könnte: ein Himmelsgefährt. Eine Erhöhung. Medea erscheint auf einem von Drachen gezogenen Zauberwagen über dem Dach des Hauses von Jason, die Leichen seiner und ihrer beider Kinder im Arm, die sie zuvor erstochen hatte. Die Drachen hat Medeas Großvater, der Sonnengott Helios, geschickt. Drachengezogen und blutbesudelt geht's nun ab ins Mythische, in den ewigen Nachruhm beispiellosen Horrors.

Der Regisseur Michael Thalheimer hat im Schauspiel Frankfurt die Drachen gestrichen. Und die Kinder auch – die man nicht sieht; es ist nur die schaurige Rede von ihnen. Dafür hat er die Erhöhung der Medea, der unbegreiflichsten dramatischen Frau überhaupt, nicht erst an den Schluss gestellt – sondern von Anfang an durchgesetzt. Seine Medea ist gleich zu Beginn ungeheuer oben. Und unendlich fern. Und fremd. Man sieht sie kaum. Man hört sie nur.

Im zur Gänze aufgerissenen und völlig leeren, trostlos schwarzgruftigen Bühnengehäus kauert sie an der Rückwand, weit hinten, auf einem in halber Höhe angebrachten Vorsprung, der die dunkle, raue Wand entlangläuft.

Man schaut wie durch ein umgedrehtes Fernglas auf ein kleines Bündel Frau im schmalen Lichtkegel. Sie trägt eine Art Trenchcoat überm Unterkleid, offenbar von Tränen völlig durchnässt, die Haare wirr und schweißgetränkt, das Gesicht blut- und schminkeverschmiert. Sie ist dort oben in ihrer Schmerzenserhöhung ganz Schrei, ganz Wehklage, ganz Seelenpeingeheul. Man hört ihre wie aus frisch zerfetzten und aufgerissenen Wundabgründen hervorbrechenden Verzweiflungslaute. So weit weg sie sind – so nahe gehen sie einem.

Im fremden, fernen, unbegreiflichen Schrecken stehen gelassen

Medea, Königstochter aus Kolchis, vertraut mit Zauber- und Gifttränken, hat ihren Vater und ihren Bruder umgebracht, damit Jason, dem Fremdling, der nach Kolchis kam, um das von einem Drachen bewachte Goldene Vlies zu rauben, der Raub gelinge; sie hat sich bis zur Besinnungslosigkeit in Jason verliebt, ist mit ihm geflohen, hat ihm geholfen, einen heimtückischen Onkel samt etlicher Verwandter zu entleiben, und ist jetzt in Korinth gelandet. In der Fremde. In der weder sie noch Jason zu Hause sind und kein Bleiberecht haben. Damit das sich ändert, geht Jason, der Politische, Opportunistische, Vorteilsschlaue, Gefühlsfreie, eine Ehe mit Kreusa, der Tochter des Korintherkönigs Kreon, ein. Er verlässt Medea, die Unpolitische, ganz aus Gefühl Bestehende. König Kreon verbannt die Ex seines Schwiegersohns samt ihrer Kinder.

Nicht Opfer, nicht Objekt, einfach ein ungeheures, unbegreifbares Subjekt: Medea (Becker) hat am Ende den Schrecken hinter sich, das Schrecklichste aber noch vor sich

Medea wird zur Rechtlosen, Verstoßenen. Und rächt sich bitter mit böser List. Schickt der Neuen ihres Ex ein giftgetränktes Negligé und ein noch giftgetränkteres Diadem. Als Kreusa beides eitel anprobiert, zerfressen die giftfeuerfangenden tückischen Geschenke ihr Kopf und Körper und den Leib ihres Vaters, der sich über sie wirft, gleich mit. Euripides lässt einen Boten berichten, wie das

„Feuer das Fleisch von den Knochen löste“. Und um Jason völlig zu vernichten, tötet Medea ihre gemeinsamen Kinder.
Was Euripides, der schonungsloseste und skeptischste der großen griechischen Tragiker, 431 vor Christus in Zeiten der Krise und des Krieges den Athener Angstbürgern als Umwertung aller Werte in Verrat, Treuebruch, Kinder- und Eheschändung und menschenunmöglicher mörderischer Tollheit szenisch zumutete (und prompt durchfiel), das lässt Michael Thalheimer, der Kerne- und Urwuchtsucher unter den Regisseuren, im ganzen fremden, fernen, unbegreiflichen Schrecken grandios stehen und wirken. [...]

Von der Wucht der Frau dort droben bis ins Mark getroffen

Constanze Becker, die damals eine unterwältigend stolze, bis ins königinnenliche Herz souverän über alle Inzestgefühle autonom gebietende Iokaste war, ist jetzt als Medea die wieder absolut souverän und furienvernünftig über ihren Schmerz und ihre Wut herrschende, ungeheuer hohe Frau. Auf ihrem Vorsprung reißt sie die Arme die Wand hoch, alle Höllengötter anrufend – und wird zur großen Statue.
Im nächsten Moment wirft sie das tränenzerfressene Antlitz förmlich über den Rand des Vorsprungs und hält dem Kreon dort drunten als höchstgespannte Leidensfrau ihre flehenden Hände entgegen, als habe er diese eben mit seinen Verbannungsbeschluss-Worten blutig durchbohrt. Obwohl Martin Rentzsch weit weg von ihr ganz vorne an der Rampe steht, wird das kleine, zitternde Kreon-Glatzenmännchen, das in seinem Zweireiher wie in einer zu dünnen Panzerung friert, von der Wucht der Frau dort droben bis ins Mark getroffen. So weint er irre lachend Tollheitstränen, wenn er ihr nachgibt und ihr einen Tag Aufschub gewährt – den sie prompt für ihre Morde nutzen wird.
Und so, wie die Amme der Josefin Platt auf hohen Kothurnen ganz am Anfang in gepeinigt gedrückter Bewegung den Raum unendlich langsam diagonal durchstampft und die Tragödie sozusagen stumm ins große, leere Schwarze fußknallend sich vortasten lässt; und so, wie der Chor der Frauen von Korinth, den Bettina Hoppe wundervoll schüchtern zäh allein verkörpert, zu dieser Schreckens- und Schmerzensfrau dort droben nur mitfühlend und mitschau-

dernd aufschaut; und so, wie der athenische König Aigeus, der einer Medea für später Asyl verspricht, in der Gestalt von Michael Benthin ein schluriges, leicht dreckverkrustetes impotentes Mannsschwachbild abgibt, das zu den Vorschlägen (nimmst du mich auf, verschaffe ich dir Kinder!) der großen, fernen Frau nur ergeben nickt – so beherrscht Medea sie alle.

Die Nahe wird sofort schön fremd

Sie ist nicht Opfer. Sie ist nicht Objekt. Nur einfach ein ungeheures, unbegreifbares Subjekt. Das als Lebens- und Liebesvorsprung nur den Schmerz hat. Keine Psychologie. Keine Erklärung, keine Kleinigkeit. Nur eine unbegreifliche Schreckensgröße. Für sie war Jason das Ein und Alles. Sie hat sich ihm ausgeliefert. Aus ihren freien Stücken. Jetzt hat er sich selbst ihr weggenommen. Ihre freien Stücke im Lebensspiel sind verbraucht. Und wo er nur schlau politisch an die Verhältnisse denkt, geht ihre Antipolitik aufs Ganze: Ihre letzten freien Stücke im Todesspiel sind die Körper ihrer Gegner. Und wie Marc Oliver Schulze [...] im blauen Glitzerschnöselanzug als Jason jetzt den sich verlegen krümmenden und nach allen Opportunitätsrichtungen schwitzend sich windenden Schreckenswurm gibt, der sich am Ende nach all den Morden nur noch in einem stummen Schrei entlädt, der gleichsam die lauten Schreie der Medea vom Anfang grotesk spiegelt – das macht aus dem Todesspiel auch ein Satyr-Anspiel.

Denn kurz vor dem Mord an ihren Kindern, den sie lange mit sich leise und irre ringend in Hirn und Herz bewegt, ist Medea, die Ferne, Fremde, die Hitzige, die so nahe schien, samt ihrer Vorsprungswand ganz nach vorne, fast bis zur Rampe gefahren worden. Die Nahe aber wird sofort schön fremd. Sie erkaltet. Und flüchtet sich nicht in einen Drachenwagen. Sondern hat sich gewaschen und frisiert. Streng und kühl. Und in ein kleines schwarzes Kleid gehüllt. So fährt sie von oben herab nieder auf den Bühnenboden. Und schreitet ungerührt über den leblos zusammensackenden Mann am Boden hinweg. Sie hat den Schrecken hinter sich. Aber das Schrecklichste wohl noch vor sich: das Grausen vor sich selbst. So, wie sie den Kopf hoch trägt, wird das ein ungeheures neues Drama.

Das alte hat sie wundertoll ins Herz getroffen. Jubel. Ovationen. Theaterglück. Selten genug.

URL: http://www.faz.net/aktuell/medea-im-schauspiel-frankfurt-der-vorsprung-einer-schmerzensfrau-11718722.html, Abruf: 2.9.2015

Medea als Filmstar: Anmerkungen zu Pier Paolo Pasolinis Werk „Medea"

Der italienische Filmemacher Pier Paolo Pasolini setzt in seinem Film „Medea", in der die aus der Oper bekannte Sängerin und Schauspielerin Maria Callas die Hauptrolle spielt, eigene Deutungsakzente, gestaltet jedoch den Handlungsgang nach dem Vorbild des Dramas von Euripides.

Medea ist die Mörderin ihrer Kinder. Daneben ist sie jedoch auch Repräsentantin einer archaischen, tief im Religiösen […] verwurzelten Kultur. Die Welt scheint ihr beseelt, und so handelt sie aus dem Glauben an einen vom Göttlichen durchwirkten Kosmos. In ihrer Funktion als Priesterin der Hekate erlebt sie sich als ein „Gefäß, angefüllt mit einem Wissen, das nicht meines ist" (Zitat aus dem Film), sodass ihre Denk- und Handlungsweise in dem Zusammenhang einer Lebensweise des Menschen gesehen werden muss, als dieser sich noch als ganzheitlich in den Kontext der Natur und des Mythos eingebettet erlebte. Die unbedingte Verwurzelung des Menschen in seine natürliche Lebensumwelt zeigt sich filmisch an den runden kolchischen Wohnhütten, die lediglich in die Berge eingegraben sind, sowie an den durchweg aus natürlichen Materialien hergestellten Geräten und Kleidungsstücken der Kolcher.

Die Begegnung mit dem Griechen Jason ist eine Begegnung mit der neuen, profanen, rational-pragmatischen Weltauffassung. Die

Argonauten dringen mit dem Gestus eines räuberischen Eroberungswillens in die kolchische Welt ein und wollen das goldene Vlies rauben, welches für die Kolcher ein mit religiöser Bedeutung aufgeladener Gegenstand ist. Medea, die Jason, den Eindringling in das Heiligtum, bemerkt, fühlt sich von ihm angezogen und bittet ihren Bruder, ihr beim Raub des Vlieses behilflich zu sein. Um die sie verfolgenden Kolcher aufzuhalten, tötet sie ihren Bruder und wirft ihnen seine zerstückelte Leiche nach und nach entgegen. Aber schon bald, nachdem sie sich den Griechen angeschlossen hat, bemerkt sie grundsätzliche, unüberbrückbare Gegensätze, die sich im Umgang mit Mensch und Natur zeigen. Den Griechen gilt nichts als heilig, und Medea verliert bei dem Versuch, sich ihnen anzupassen, ihren tief empfundenen Bezug zu allem Sein in der Natur. Daran, dass weder die Götter noch die Naturelemente mehr zu ihr sprechen, zeigt sich die Kollision beider Welt- und Wertsysteme. Medea verliert vorübergehend ihre magischen Fähigkeiten und ihren Glauben und erlebt tiefe Resignation. Indem die Beziehung zur metaphysischen Dimension ihres Lebens gestört wird, wird Medea gleich zweifach zu einer Heimatlosen.

In Jolkos wie auch in Korinth haben die Menschen ihre Verwurzelung im Mythischen aufgegeben und erleben eine Entzauberung und Profanisierung der Welt. Das Eingebettet-Sein in die Natur weicht ihrer Beherrschung, was sich architektonisch durch hoch aufragende Gebäude und allgegenwärtige Bebauung der Flächen ausdrückt. Die Herrscher sind Männer, denen die Frauen in dienendem Gestus untergeordnet sind. In Jolkos bricht der Onkel Jasons sein

Versprechen und verweigert die Machtübergabe, sodass Jason mit Medea im Gefolge nach Korinth aufbricht. Dort passt er sich dem gesellschaftlichen Leben an und trifft auch seinen ehemaligen Erzieher Cheiron wieder. Dass dieser ihm nunmehr nicht als Kentaur[1], sondern als ein Mensch begegnet, spiegelt den Übergang der Menschheitsgeschichte vom Mythos zum Logos, der die Abwendung von einem religiösen und die Hinwendung zu einem rationalistischen Weltbild zur Folge hat. Als Jason sich entscheidet, aus Ehrgeiz und Erfolgsorientierung Kreons Tochter zu heiraten, löst er eine Katastrophe aus.

Medea findet durch den flammenden Appell der Amme und das Erhören der Stimme des Sonnengottes zu ihrer ursprünglichen Kraft und Lebensauffassung zurück. Dem Zuschauer werden zwei Versionen vom Tod der Kreusa und Kreons angeboten, die nebeneinander existieren. Zunächst erfolgt die Handlung gemäß den Aussagen des Mythos, wonach Medea der Königstochter ein tödliches, verzaubertes Gewand schickt, das Feuer fängt. Im Anschluss daran stirbt die Königstochter abermals, indem sie sich aus Schuld- und Schamgefühlen gegenüber Medeas Unglück selbst in den Tod stürzt. Die zweite Version spiegelt eine „entmythologisierte“ Interpretation der Geschichte. Indem eine psychologische Erklärung für den Vorgang angeboten wird, verweist diese Version auf die endgültige gedankliche Abkehr vom Magischen, Irrationalen, Zauberhaften. Medea tötet ihre Kinder anschließend nicht in rasender Wut, sondern nachdem sie sie fast zärtlich in den Schlaf

[1] Mischwesen aus Pferd und Mensch

gewiegt hat, und zündet den Palast an. Der Film endet abrupt damit, dass sie Jason verweigert, die Kinderleichen noch einmal zu sehen, und lässt offen, ob Medea überlebt.
Die Aussagekraft des Films besteht in seiner philosophischen Botschaft, die zugleich eine Kritik an der Dominanz der materialistischen, linear und rational zielgerichteten sowie am Konsum orientierten Kultur ist. Ethnologische, religionsgeschichtliche und anthropologische Gesichtspunkte fließen in die Darstellung ein, die sich dadurch jedoch den Sehgewohnheiten der meisten Zuschauer entzieht und daher sperrig wirkt. Diese Wirkung ist dabei vom Regisseur durchaus intendiert, versucht er doch zugleich, filmisch einen Kontrapunkt zur „Tyrannei der Massenmedien“ (Pasolini) zu setzen.

Originalbeitrag

6. Tipps und Techniken

Eine literarische Figur charakterisieren

In einer literarischen Charakterisierung werden neben äußeren Merkmalen besonders die Wesenszüge einer literarischen Person analysiert. Gegebenenfalls muss auch ihre Entwicklung im Werk erfasst werden. Dazu ist es wichtig, die im Text vermittelten Informationen zu sammeln, zu ordnen und zu bewerten. Bei einem dramatischen Text ist es wichtig, nicht nur die Figurenreden zu untersuchen, sondern auch die Regieanweisungen.
Auf diesem Wege gelangt man zu einer Gesamtinterpretation der Figur. Das Wesentliche soll nicht in beschreibender, sondern in argumentierender Form dargelegt werden. Alle Behauptungen, die man über eine Figur aufstellt, müssen begründet, d.h. in der Regel durch eine oder mehrere Textstellen belegt werden. Das Tempus ist das Präsens.

Für die Erarbeitung einer literarischen Charakterisierung können unter anderem folgende Aspekte und Leitfragen von Bedeutung sein:

1. Personalien, sozialer Status und äußeres Erscheinungsbild
   - Was erfahren wir über Name, Geschlecht, Alter und Beruf der Figur?
   - Werden auffällige äußere Merkmale beschrieben?
   - Wie werden die Lebensverhältnisse und das soziale Umfeld der Figur dargestellt?
   - Gibt es Informationen zur Vorgeschichte der Figur?

2. Wesentliche Charaktereigenschaften und Verhaltensweisen
   - Zeigt die Figur typische Verhaltenseigenschaften und Gewohnheiten?
   - Was sind ihre hervorstechenden Wesensmerkmale und Charakterzüge?
   - Welche Umstände prägen und bestimmen ihre Existenz?
   - Welches Selbstbild hat die Person?
   - Welche inneren Einstellungen, welches Weltbild legt sie an den Tag?

- Zeigt die Figur eine Veränderung in ihren äußeren Merkmalen oder eine innere Entwicklung?
- Wie wird sie von den anderen Personen wahrgenommen?
- In welcher Beziehung steht sie zu den anderen Personen?

3. Sprachgebrauch und Sprachverhalten
   - Wie kann man den Sprachgebrauch der Figur allgemein beschreiben? (Sprachebene, Sprachstil)
   - Welche Auffälligkeiten lassen sich auf Satz- und Wortebene erkennen? (Satzbau, Wortwahl, ...)
   - Welche Botschaften werden durch nonverbale Kommunikation übermittelt? (Mimik, Gestik, Körperhaltung)
   - Welches Gesprächsverhalten, welche Gesprächsstrategien verfolgt die Figur?

4. Zusammenfassende Bewertung
   - Wie lässt sich die Funktion der Figur für das Drama beschreiben?
   - Handelt es sich um einen Charakter oder bloß einen Typus[1]?
   - Inwieweit sind festgestellte charakterliche Merkmale gesellschaftlich bedingt?
   - Welche Gesamtdeutung der Figur ergibt sich aus den gewonnenen Erkenntnissen?

Die Szenenanalyse

Für die Analyse eines Textauszugs stehen grundsätzlich zwei verschiedene Methoden zur Auswahl: Die Linearanalyse und die aspektgeleitete Analyse.
In der Linearanalyse werden die einzelnen Abschnitte systematisch, das heißt ihrer Reihenfolge nach, analysiert. Dies führt in der Regel zu genauen und detaillierten Interpretationsergebnissen. Allerdings besteht dabei die Gefahr, dass die übergeordneten Deutungsschwerpunkte des Auszugs aus dem Blick geraten.

---

[1] In der Literaturwissenschaft bezeichnet ein Typus eine mit feststehenden Merkmalen versehene Figur im Drama. Dabei handelt es sich nicht um einen individuellen, sondern einen schematischen Charakter, der in dieser Form in verschiedenen Dramen eine Rolle spielt.

In der aspektgeleiteten Analyse werden diese Deutungsschwerpunkte im Voraus festgelegt. Daraus ergibt sich in der Regel eine problemorientierte und zielgerichtete Vorgehensweise. Die Deutungsaspekte, welche nicht im Fokus des Interesses stehen, werden jedoch vernachlässigt.

Auch das sind wichtige Tipps für die Analyse eines Textauszuges:

- Verknüpfen Sie die Ergebnisse der Analyse mit einer entsprechenden Deutung (hierzu müssen Sie u. a. die Funktion der Einzelelemente für den Sinn des Ganzen herausstellen).
  Folgende Gesichtspunkte könnten dabei von Bedeutung sein (setzen Sie je nach Textstelle eigene Schwerpunkte der Untersuchung):
  - **Einbezug des Titels**
  - **Figurenkonstellation**
  - **Verwendung von Fachtermini im Zusammenhang mit dem Drama** (Sprechakte: Monologe, Dialoge; Akte, Chorlieder ... etc.)
  - **Sprachliche Auffälligkeiten** (Stilebene, Wortwahl, Satzbau, rhetorische Figuren, besonders Symbole, Metaphern, Vergleiche)
- Achten Sie darauf, ihre Gedanken klar und nachvollziehbar zu entwickeln (gliedern Sie den Text auch optisch durch Absätze, verwenden Sie für Überleitungen Gelenkstellen, ziehen Sie Schlussfolgerungen und formulieren Sie eine Zusammenfassung).
- Bleiben Sie sachlich und genau (verwenden Sie Fachtermini und präzise Begriffe).
- Arbeiten Sie möglichst nah am Text. Reihen Sie keine Einzelergebnisse aneinander, sondern versuchen Sie, im Zusammenhang zu arbeiten.
- Arbeiten Sie unbedingt mit Zitaten und beachten Sie die Zitierregeln.

Aufbauschema:

1. Einleitung
Themensatz: Autor, Titel, Textsorte, Erscheinungsjahr, Thema, kurze Inhaltsangabe

↓

2. Einordnung des Textauszugs in die Erzählung:
Was geschieht vorher, was nachher?

Linearanalyse

3. Inhaltlicher Aufbau:
kurze Darstellung der Textabschnitte

↓

4. Beschreibung und Deutung
der unter 3. angegebenen Textabschnitte:
- Aussagen zum Inhalt des Abschnitts
- Aussagen zur Deutung, Einbetten in den Zusammenhang des Dramas
- Einbezug der sprachlichen Gestaltung
- Überleitung zum nächsten Textabschnitt

aspektgeleitete Analyse

3. Untersuchungsschwerpunkte:
Beschreibung der ausgewählten Schwerpunkte

↓

4. Beschreibung und Deutung
der unter 3. angegebenen Schwerpunkte:
- Benennen des jeweiligen Schwerpunkts
- Aussagen zur Deutung, Einbetten in den Zusammenhang des Dramas
- Einbezug der sprachlichen Gestaltung

5. Schluss
– Zusammenfassung der Ergebnisse –
– Einordnung in einen größeren Deutungszusammenhang –
– Bewertung –

Bildnachweis

|action press, Hamburg: Collection Christophel 98, 99, 100. |akg-images GmbH, Berlin: 86 o. l., 86 o. r., 86 u., 87; Lessing, Erich 88. |alamy images, Abingdon/Oxfordshire: Fearn, Paul 49; Horree, Peter 66; Otto, Werner 50. |Bridgeman Images, Berlin: Bradford Art Galleries and Museums / bridgemanart.com 47; Kunsthistorisches Museum, Vienna, Austria 88. |ddp images GmbH, Hamburg: 99. |Estate of Bernard Safran: Bernard Safran, Medea (1964, revised 1994), oil on masonite, 86.4 x 104.1 cm 89. |Gallery Players, New York: Performing Pixel Design - Chris Kind, New York 90. |Haase, Hendrik, Berlin: wurstsack.com 90. |Hampel, Angela: Medea altera 89. |Hupfeld, Birgit, Bochum: 91, 91, 91. |Interfoto, München: PHOTOAISA/BEBA 85 u. r.. |Knox College, Illinois: Medea: Harbach Theatre 2010 (Image by Renni Johnson, Knox College, Illinois) http://departments.knox.edu/theatre/theatre/medea.html 90. |peitschphoto.com - Peitsch, Peter, Hamburg: 73. |Picture-Alliance GmbH, Frankfurt/M.: akg-images/Lessing, Erich 85 l.; akg-images/Nimatallah 85 o. r.; dpa 72; Rothermel, Winfried 60; ZB/Grimm, Peer 74. |ullstein bild, Berlin: Keystone 72. |wikimedia.commons: „GriechTheater2" von Flammingo - my drawing. Lizenziert unter CC BY-SA 3.0 über Wikimedia Commons - https://commons.wikimedia.org/wiki/File:GriechTheater2.PNG#/media/File:GriechTheater2.PNG 56.

Wir arbeiten sehr sorgfältig daran, für alle verwendeten Abbildungen die Rechteinhaberinnen und Rechteinhaber zu ermitteln. Sollte uns dies im Einzelfall nicht vollständig gelungen sein, werden berechtigte Ansprüche selbstverständlich im Rahmen der üblichen Vereinbarungen abgegolten.